全国高校就业创业特色教材课题研究成果
教育部学生服务与素质发展中心组织编写

大学生
创新与创业
案例教程

主　编　党宏倩　尚艳亮　李静娇　冯　博
副主编　郭根群　王军峰　付迎春
参　编　李　轶

西安交通大学出版社
XI'AN JIAOTONG UNIVERSITY PRESS

图书在版编目(CIP)数据

大学生创新与创业案例教程 / 党宏倩等主编.
西安：西安交通大学出版社，2024.8. — ISBN 978 - 7
- 5693 - 3855 - 3

Ⅰ. G647.38

中国国家版本馆 CIP 数据核字第 2024Z47X22 号

书　　名	大学生创新与创业案例教程
	DAXUESHENG CHUANGXIN YU CHUANGYE ANLI JIAOCHENG
主　　编	党宏倩　尚艳亮　李静娇　冯　博
责任编辑	崔永政　李嫣彧
责任校对	苏　剑
装帧设计	伍　胜
出版发行	西安交通大学出版社
	（西安市兴庆南路 1 号　邮政编码 710048）
网　　址	http://www.xjtupress.com
电　　话	（029）82668357　82667874（市场营销中心）
	（029）82668315（总编办）
传　　真	（029）82668280
印　　刷	西安明瑞印务有限公司
开　　本	787 mm×1092 mm　1/16　**印张**　11.75　**字数**　240 千字
版次印次	2024 年 8 月第 1 版　　2024 年 8 月第 1 次印刷
书　　号	ISBN 978 - 7 - 5693 - 3855 - 3
定　　价	49.00 元

如发现印装质量问题，请与本社市场营销中心联系。

订购热线：（029）82665248　（029）82667874

投稿热线：（029）82668525　QQ：635208196

目　录

项目一
创新创业与人生发展

学习目标

- 了解创新创业的内涵与时代意义。
- 认识创新创业与职业生涯发展的关系。
- 自觉培育创新创业素质和提升创新创业能力。

项目导读

创业精神严格来讲是一种人生态度，创业精神就是不断突破自己的极限，升华自己的精神，对人生的发展具有积极的影响。本项目使学生了解创业的概念、创业与创业精神的关系、创业与人生发展的关系，以及创业和创业精神在当今时代背景下的意义和价值，正确认识并理性对待创业。

▶ 任务一 挖掘创新意识

《诗经·大雅》有云："周虽旧邦，其命维新。"古老的中国，如今正经历着历史上前所未有、日新月异的发展时期，正成为令世界瞩目的商业沃土、创业乐园。21世纪，大学生肩负着建设创新型国家、实现现代化、实现中华民族伟大复兴的历史使命。习近平总书记在2018年9月召开的全国教育大会上指出："要提升教育服务经济社会发展能力，调整优化高校区域布局、学科结构、专业设置，建立健全学科专业动态调整机制，加快一流大学和一流学科建设，推进产学研协同创新，积极投身实施创新驱动发展战略，着重培养创新型、复合型、应用型人才。"大学生是新时期创新创业实践的主力军，必须将大学生培养成具有创新思维、创业精神和创新能力，具有责任感、使命感，能够为社会、人类创造价值的群体，将大学生培养成敢于积极应对新一轮科技革命和产业变革带来的新机遇和新挑战，服务创新型国家建设需要的群体，将大学生培养成勇于在各自专业和岗位上不断突破创新，具有开拓精神的群体。在"双创时代"背景下，大学生是最具有创业活力和潜力的群体，如何开展大学生创新创业教育，培养大学生创新创业的意识和能力，显得至关重要。

一、创新与创业概述

1. 创新

创新，起源于拉丁语，即"更新、创造新的东西与改变"。习近平总书记在 2012 年 12 月 15 日中央经济工作会议上的讲话中指出："创新的实质效果是优胜劣汰、破旧立新，我们要着力构建以企业为主体、市场为导向、产学研相结合的技术创新体系，注重发挥企业家才能，加快科技创新，加强产品创新、品牌创新、产业组织创新、商业模式创新，提升有效供给、创造有效需求。"创新理论之父、哈佛大学经济学教授熊彼特提出，所谓"创新"就是"建立一种新的生产函数"，也就是说，把一种从来没有过的关于生产要素和生产条件的"新组合"引入生产体系。

2. 创业

创业在不同人眼中有不同的理解，狭义的创业就是创建一家新的企业，英文中常用"startup"；广义的创业是开创新的事业，创业不仅仅是注册一家公司、运用某个商业模式赚钱，而且是开拓新的疆域、开创新的事业、创造新的价值。被誉为"创业教育之父"的杰弗里·A. 蒂蒙斯(Jeffry A. Timmons)曾说过，创业不仅仅意味着创办新企业、筹集资金和提供就业机会，也不只等同于创新、创造和突破，而且还意味着孕育人类的创新精神和改善人类的生活。无论是注册一家新公司还是建立一个非营利组织，无论是自己投资还是通过他人融资，无论是独立运作一个项目还是在已有公司开始一个新项目，无论是研发一项新技术还是做一个新文化创意产品，这些都属于创业。哈佛大学霍华德·史蒂文森(Howard Stevenson)教授对创业的定义是：创业是不拘泥于当前资源条件的限制下对机会的追寻，组合不同的资源以利用和开发机会并创造价值的过程。从创业目的上创业分为生存型创业和机会型创业；从创业形式上分为个体创业和公司创业；从创业初始条件上创业分为冒险型创业、与风险投资融合的创业、大公司的内部创业和革命性的创业；从创业效果上创业分为复制型创业、模仿型创业、安家型创业和冒险型创业。

案例

铁路线上的"小能人"刘勇：探索无限，创新不止

最近几天，中铁武汉电气化局兴泉铁路项目部中心料库主任刘勇，安排好材料的进出库、报验后，利用接触网队需要帮忙的机会到接触网作业队去推梯车。原来

在他了解到其他公司因梯车问题造成安全事故后，便萌生了能不能改造梯车结构，从而时刻保障使用者安全的想法。

一旦想法有了萌芽，这事儿就刻不容缓。于是刘勇经常去接触网队请教使用梯车的师傅们，梯车在使用中经常遇到的问题，可能的改进方向，在有了初步设计后，便利用难得的机会，观察使用者的日常使用习惯，现场的特点，仔细查找到底是哪里存在安全隐患，晚上在办公室一遍遍地画着三维图例不断模拟，尝试着制造一种工具能"锁"住梯车安全。

四十出头的刘勇，相貌平平、话语不多，略有点木讷。但一说起机械，谈起电气化，讲到手头的发明，他的话匣子就打开了，CAD设计图是夜深人静慢工出细活画出来的，综合加工平台用料少、重量轻、功能齐全，还是拆卸式的，自动预配平台的形象灯箱是光控的特省电……那一刻，他眉头会说话，眼睛放光芒。

刘勇有个"大魔王"的绰号。投身工作的他对自己近乎偏执，每一个材料都要堆放得当，每一项数据都要核实无误，甚至于每一扇门窗都要检查完好。他把料库划分区域，实现网格化，大到高压机柜，小到螺帽垫片数万种设备材料整齐划一、井然有序，通过信息化管理手段，坐在办公室里可以清楚地知道每种材料的摆放位置和库存。

骨子里的偏执让他从一个库管员成长为中心料库主任，变身拥有5个发明专利和4项科研成果的优秀电气工程师。

不回头的偏执是表象，不服输的创新才是他的座右铭。初入铁路，刘勇先到了乌阿线网六段料库，从基础做起。塞外戈壁，风沙走石，风餐露宿很是辛苦，他利用工闲，修整滑轮，为机械上黄油，琢磨发明了煨弯器，工友上工地得心应手，都喜欢这个"小能人"。

2015年9月，在兰渝，他创造出机械化腕臂预配系统，头脑中的风暴从图纸一跃而出，变成腕臂预配的"变形金刚"，"铁砂掌"锯切。2016年，在龙烟，刘勇主导开发机械化腕臂预配流水线，将预配作业的人工降低到5—6人，劳动强度下降30％多，工效提升50％以上。在哈站改，从调试软件、测试数据、装配硬件，到第一组腕臂预配成功。

2017年底，刘勇转战连镇项目部任职。他提出"自动腕臂预配平台"的设想，他依托"刘勇青年蜂巢创新工作室"，一头扎进各类零件、器械和图纸的怀抱。光电脑绘制的3D设计图样就多达数百张，服务器、传感器、机械手等技术选型更是多达数千种。仅精调一项，刘勇团队就历经3000多次，这3000多次的尝试是他不服输的真实写照。

刘勇说："一个人的努力是加法效应，而一个团队的努力是乘法效应。"作为工匠团队的领头人，业余时间，刘勇和队员一起学习，自己购买网课先将知识点消化，再结合三维动态图做成课件给大家培训。他还自己制作出安全知识视频教程，对如何安全作业作出示范。在大家眼中，他什么都会，什么都行。

在刘勇眼里，项目既是工作地点，也是另外一个家，身边的同事，既是工作伙伴，也是家人。他说得少，做得多，工作上相互扶持，学习上相伴而行，没有过不去的难关，没有干不好的项目。

从劳务工到"湖北省五一劳动奖章"获得者，每一个脚印都是刘勇深深的痕迹。料库是他的天地，螺帽垫片、角钢废料是他的伙伴，拼凑理想，探索无限，创新不止。

（摘自中工网：http：//www.workercn.cn/34167/202109/29/210929141606692.shtml）

二、创新的基本类型

从经济角度分析，创新是生产要素的重新组合，其目的是获取潜在的利润。熊彼特认为，创新是一个经济范畴，可以把已发明的科学技术引入企业之中，形成一种新的生产能力。具体来说，包括以下五种情况。

（1）引入一种新产品，就是消费者还不熟悉的产品，或提供新的产品质量。

（2）采用一种新的生产方法，就是在有关制造部门中未曾采用过的方法。这种新方法并不需要建立在新的科学发现基础之上，可以是以新的商业方式来处理某种产品。

（3）开辟一个新的市场，就是使产品进入以前不曾进入的市场，不管这个市场以前是否存在过。

（4）获得一种原料或半成品的新的供给来源，不管这种来源是已经存在的，还是第一次出现的。

（5）实行一种新的企业组织形式，例如建立一种垄断或打破一种垄断。

国外的德布林咨询公司在研究了近 2000 个创新案例后，开发出"创新的十种类型"框架。

（1）赢利模式创新

其指的是通过寻找全新的方式将产品和其他有价值的资源转变为现金。这种创新常常会挑战一个行业关于生产什么产品、确定怎样的价格、如何实现收入等问题的传统观念。溢价和竞拍就是赢利模式创新的典型例子。

（2）网络创新

其在当今高度互联的世界里，网络创新让人们可以充分利用其他公司的流程、技术、产品、渠道和品牌。众筹众包等开放式创新方式就是网络创新的典型例子。

（3）结构创新

其是通过采用独特的方式组织公司的资产（包括硬件、人力或无形资产）来创造价值。它可能涉及从人才管理系统到重型固定设备配置等各方面。结构创新的例子包括建立激励机制，鼓励员工朝某个特定目标努力，实现资产标准化从而降低运营成本和复杂性，甚至创建企业大学以提供持续的高端培训。

(4)流程创新

流程创新涉及公司主要产品或服务的各项生产活动和运营。这类创新需要彻底改变以往的业务经营方式，使得公司具备独特的能力，高效运转，迅速适应新环境，并获得领先市场的利润率。流程创新常常构成一个企业的核心竞争力。

(5)产品性能创新

其指的是公司在产品或服务的价值、特性和质量方面进行创新。此类创新不仅涉及全新产品，也包括能带来较大增值的产品升级和产品线延伸。产品性能创新常常是最容易被效仿的。

(6)产品系统创新

其指的是将单个产品和服务联系起来，从而创造出一个可扩展的强大系统，可以帮助建立一个能够吸引并取悦顾客的生态环境并抵御竞争者。

(7)服务创新

其指通过改进服务来保证并提高产品的功用、性能和价值，使一个产品更容易被试用和享用。这不仅为顾客展现出他们可能会忽视的产品特性和功用，而且有助于解决顾客遇到的问题并弥补产品体验中的不愉快。

(8)渠道创新

其包含了将产品与顾客和用户联系在一起的所有手段。例如，实体店与互联网的结合在创造身临其境的体验方面，常常能发掘出多种互补方式将产品和服务呈现给顾客。

(9)品牌创新

其有助于保证顾客和用户能够识别、记住你的产品，并在面对你和竞争对手的产品或替代品时选择你的产品。好的品牌创新能够提炼一种"承诺"，吸引购买者并传递一种与众不同的身份感。

(10)顾客契合创新

其指要了解顾客和用户的深层愿望，并利用这些了解来发展顾客与公司之间富有意义的联系。帮助人们找到合适的方式把自己生活的一部分变得更加难忘、富有成效并充满喜悦。

如今，简单创新不足以获得持久的竞争力，尤其是单纯的产品性能创新，很容易被模仿和被超越。因此，创业者有时需要综合应用上述多种创新类型，才能打造可持续的竞争优势。

案例

根在铁路 创新出彩——上海动车段科创带头人张华

从摸索前行到自主构建技术体系，从基础运维到开创高铁检修新模式。5年来，上海动车段科创带头人张华刻苦钻研高铁动车组核心零部件技术，带领技术团队为企业降本增效 5600 万元。

"每个人都有自己擅长的领域，找对位置就能事半功倍。"平日一身工装配上一副黑框眼镜的张华，人群中不会被一眼认出，但只要踏进工作室，立刻判若两人，在黑框眼镜背后透出一丝严谨。

1997 年，张华从铁路院校毕业后进入上海车辆段工作，随后的 12 年一直从事与车辆机电有关的工作。2009 年，通过择优选拔，张华从众多高手中脱颖而出，成为国内第一代动车组机械师。2010 年初，他又作为技术骨干被派往青岛四方高速动车组制造基地学习动车组高级修调试技术，自此，张华开始了大国技术的探索之路。

一列标准动车组列车有近 50 万个零部件，任何一个出问题都可能影响行车安全。经过几个月的紧张学习，张华最先拿下了 CRH2 型车的高级修调试技术。

回到上海后，张华又用了近 1 年，熟知了 CRH2 系列 9 种细分车型的近千张电气图纸、逾万张配线图纸和相关技术原理。2013 年 6 月，上海动车段成立，他不仅加入其中，还凭借过硬的检修本领开始带队伍，发掘各个车间班组的业务能手。

一次，一列高速动车组在检修过程中，驾驶室监控屏连续报出故障代码，ACU（辅助电源装置）锁定后停止运行，造成列车辅助供电异常，检修试验无法继续。当大家认为需要更换整台价值近百万的逆变模块才能解决故障时，张华凑到屏幕前查看故障信息，他凭借敏锐的判断力和对车型的了解，认为是温度异常导致的故障。通过测量温度传感器后，果然发现阻值异常，经更换故障消失，恢复了列车供电。

2015 年，以张华名字命名的技术劳模创新工作室创办投用。经过自主研发，张华团队突破了一系列国内外技术壁垒，项目达到投产要求。啃下这些硬骨头还不算完，2018 年，张华在业内首创了高铁车辆单元级调试检修新模式，16 节编组的复兴号高铁动车组列车可以同时交由四组工作人员作业，这样大大提高了检修效率。

从接触动车组列车养修开始，张华创下了累计零差错养修调试 500 余列高速动车组的纪录，他还参与编制《动车组高级修工艺》《动车组故障排查指南》等专业教材 20 余册，他攻克并掌握了 30 余项关键部件核心技术，参与建立了具有自主知识产权的电气故障部件检测维修体系，填补了行业技术空白。

有科创成果，有拿手绝活，张华曾拒绝过社会公司千万研发资金寻求合作的提议，用张华的话说，他的根在铁路，心在一线，他只想在高铁运维现场圆自己的梦。这些年，张华的工作室来了 6 位研究生。"他们个个出彩，我在他们身上学到很多。"张华从不吝惜对年轻人的称赞。张华也教会他们动车组列车检修不仅仅是人机对话，也是面对自己内心的一次检测。

（摘自经济日报—中国经济网：http：// www. ce. cn/ xwzx/ gnsz/ gdxw/202107/24/t202 10724 _ 36746589. shtml 记者李治国）

三、创新与创业的关系

创新与创业尽管有各自的边界，但同时也有着密不可分的内在联系。在新的时代背景下，二者的相互作用和相互融合变得十分明显。

（1）创新是创业的源泉和本质

创业者在创业过程中需要具有持续旺盛的创新意识和能力，才可能产生真正富有创意的想法和方案，才可能不断寻求新的商业模式和新的市场出路，最终获得创业成功。

（2）创业是一个从无到有的创新过程

其核心是通过市场途径推出新的成果和产品，正是在这样的意义上，创业体现着创新的特质。

（3）创业是一种推陈出新的社会实践活动

无论是何种性质和类型的创业活动，都有一个共同的特征，即创业离不开创性或改良性的实践。创业的一个具体表征，就是新创企业不断地以生产出新的产品和服务的方式取代某些相对落后的产品和服务。

（4）创业是主体高度自觉和自主的行为

在创业实践的过程中，创业者的主观能动性需要得到最充分的调动，主体的创新素养和能力等也会同时得到显著提升。

总之，创新与创业相互独立，但并非对立。两者有着相辅相成的内在联系，表现为相互渗透、交叉、交集和融合。创新是创业的基础，创业推动着创新。创新是建立一种新的生产函数，促进生产要素的"新组合"，而创业则是这种"新组合"的市场化或产业化。

拓展 阅读

"创新机遇的七个来源"，参阅《创新与企业家精神》[美]德鲁克著，蔡文燕译，机械工业出版社，2009年版。

小测试

1. 如何寻找创新机遇？

2. 如何成功地将一项创新引入市场，赢得市场？

▶ 任务二　充实创业知识

一、创业的利弊分析

1. 创业的好处

赚钱谋生，解决自己和家庭的生存问题和经济困难。许多成功的商业巨子，最初促使他们走上创业之路的动因其实很简单，就是为了自己和亲人摆脱生活困境，找到一个安身立命之所。

(1)解决自己的就业问题。在目前我国社会就业依然困难的现实状况下，创业是解决就业问题的一条快捷途径。

(2)工作自主，时间自由，自己掌握自己的命运。

(3)如果创业成功，创业者可展现自己的才华，实现自我梦想、抱负和人生价值。这也正是创业"引无数英雄竞折腰"的魅力所在。如果一个人能将自己所从事的事业与某一远大目标紧密相连，并能从中发现自己的使命，他就能感受到生存的价值，他的生活就充实而有意义。

由于上述理由，所以我们要创业，我们梦想和渴望创业，但需要满腔热忱地学习和实践创业。

2. 创业的风险

(1)难度高，强度大，非常艰辛

创业就是创新，就是开拓，意味着创业者要独立走自己的路、开辟自己的事业。创业之初，创业者时常需要竭尽心智地去思考，拼尽力气地去行动，不分昼夜、无论节假地劳作。相比之下，供职打工就显得省心省力、要安逸得多。不少"过来人"说，没有创业经历的人难以想象创业的艰辛。

(2)收入波动、不稳定，面临较大的压力和风险

在国家行政事业单位工作或在各类企业就业，一般是"稳赚不赔""有保障""收入与风险是成正比的"，选择创业，就等于走上了一条风险之路。客观来说，初次创业，遭受挫折和失败者居多，即便今日的成功人士，当初大多也经历过"三起三落"。

综上，我们在增强创业意识的同时，对创业要做慎重考虑：自己是否愿意走上这条锦绣与荆棘并存、机遇与风险俱在的道路？自己是否适合创业？自己是否具备创业者的条件？

二、创业的要素和类型

迄今为止，人们对创业要素的认知和分析模型中，最为典型和公认的为蒂蒙

斯模型。该模型提炼出了创业的三大关键要素，即创业机会、创业者及其创业团队、创业资源。一般认为，这三个核心要素是创业活动中不可或缺的。如果没有机会，创业活动就成了盲动，难以创造真正的价值。应该说机会是普遍存在的，关键要看创业者及其创业团队能否有效识别和开发；如果没有创业者及其创业团队的主观努力，创业活动是不可能发生的；创业者及其创业团队把握住合适的机会后，还需要有相应的资金和设备等资源。如果没有必要的资源，机会也就难以被开发和实现。

蒂蒙斯模型具有动态性的特征，蒂蒙斯认为创业过程实际上是三个因素之间相互作用、由不平衡向平衡方向发展的过程。随着创业过程的展开，其重点也相应发生变化，要将机会、创业者及其创业团队、资源三者做出动态的调整。该模型还要求三要素之间的匹配和平衡。因此，创业现象也被认为是创业者及其创业团队、机会和资源三者之间的有效链接。其中，创业者及其创业团队是创业的核心，是使机会能被识别利用与资源能被获取组合得以实现的驱动者。

创业活动涉及各行各业，创业者的创业动机千差万别，创业项目和领域多种多样，创业的类型也因此呈现多样化，可以从不同角度做出分类。

一是基于创业动机不同的分类：依据创业者的创业动机可以将创业分成生存型创业与机会型创业。2001年，全球创业观察（GEM）报告最先提出了生存型创业和机会型创业的概念，并逐年对两个概念进行了丰富。所谓生存型创业，是指创业者为了生计而相对被动进行的创业。其主要特征为：创业者受生活所迫，物质资源贫乏，在现有市场中捕捉机会，从事低成本、低门槛、低风险、低利润的创业。例如，我国改革开放初期的创业者以及下岗职工的创业行为大都属于这种类型。所谓机会型创业，是指创业者为了追求商业机会，谋求更多发展而从事的创业活动。例如，李彦宏创办百度就是典型的机会型创业。他舍弃在美国的高薪岗位，毅然回国创业，其主要原因是他发现和把握了互联网搜索引擎存在的巨大商机，同时，期望自己实现人生的更大发展。机会型创业与生存型创业的主要区别如下。

（1）创业者的个人特征。创业者个人特征是影响创业动机的主要因素，对机会型创业与生存型创业的区分有显著影响。相对而言，年轻和学历高的创业者更有可能进行机会型创业。

（2）创业投资回报预期。创业投资回报与创业风险相关，因此生存型创业者期望低一些的投资回报，也承担小一些的创业风险。机会型创业者往往期望较高的投资回报，也会承担更大的创业风险。

（3）创业壁垒。生存型创业者更多地受到创业资金、技术和人才等的限制，会回避技术壁垒较高的行业。机会型创业者拥有一定资金、技术和人才优势，会更关注新的市场机会，选择有一定壁垒的行业。

（4）创业资金来源。生存型创业者的资金主要来源于个人和家庭自筹。机会型创业者能比生存型创业者获得更多的贷款机会、政府政策及创业资金支持。

(5)拉动就业。相比生存型创业，机会型创业不仅能解决自己的就业问题，而且能解决更多人的就业问题。

(6)机会型创业由于更着眼于新的市场机会，拥有更高的技术含量，有可能创造更大的经济效益，从而改善经济结构。

无论是从缓解就业压力还是改善经济结构的目的出发，政府和社会都应该更加关注机会型创业，大力倡导机会型创业。

二是基于创业起点不同的分类：依据创业起点不同可分为创建新企业和企业内创业。创建新企业是指创业者或团体从无到有地创建全新的企业组织。这个过程充满机遇，但风险和难度也很大。企业内创业是指在已有公司或企业内进行创新创建的过程。例如企业流程再造。正是通过二次、三次乃至连续不断地创新创业，企业的生命周期才能不断地在循环中延伸。

三是基于创业者数量不同的分类：依据创业者数量的不同可分为独立创业和合伙创业。独立创业是指创业者独立创办自己的企业。其特点在于产权归创业者个人所有，企业由创业者自由掌控，决策迅速，但创业者要独自承担风险；创业资源整合比较困难，并且受个人才能限制。合伙创业是指与他人共同创办企业，其优势劣势正好与独立创业相反。

四是基于创业项目性质不同的分类：依据创业项目性质不同可分为传统技能型、高新技术型和知识服务型创业。传统技能型创业是指使用传统技术、工艺的创业项目。比如生产饮料、中药、工艺美术品、服装与食品加工等。这些独特的传统技能项目在市场上表现出经久不衰的竞争力。高新技术型创业是指知识密集度高，带有前沿性、研究开发性质的新技术、新产品创业项目。知识服务型创业是指为人们提供知识、信息的创业项目。当今社会，各类知识性咨询服务机构功能不断细化，数量不断增加，其中很多项目投资少、见效快，市场前景广阔。

五是基于创业方向或风险不同的分类：依据创业方向或风险不同可分为依附型、尾随型、独创型和对抗型创业。依附型创业可以是依附于大企业或产业链而生存，在产业链中确定自己的角色，为大企业提供配套服务，也可以是特许经营权的使用。如利用某些品牌效应和成熟的经营管理模式进行创业。尾随型创业指模仿他人所开办的企业和经营项目。一般是行业内已经有许多同类企业，创业者尾随他人，学着别人做。独创型创业是指提供的产品和服务能够填补市场空白，大到商品完全独创，小到商品的某个技术独创。对抗型创业是指进入其他企业已形成垄断地位的某个市场，与之对抗较量。如，针对20世纪90年代初外商在中国市场上大量销售合成饲料的局面，希望集团建立了西南最大的饲料研究所，定位于与外国饲料争市场，最终取得了成功。

六是基于创新内容不同的分类：依据创新内容不同可分为基于产品创新的创业、

基于营销模式创新的创业和基于组织管理体系创新的创业。基于产品创新的创业是指基于技术创新或工艺创新的成果，产生了新的消费群体，从而导致创业行为的发生。基于营销模式创新的创业是指采取了一种有别于其他厂商的市场营销模式，因而可能给消费者带来更高的满足感。基于组织管理体系创新的创业是指采取一种有别于其他厂商的企业组织管理体系，因而能更有效地实现产品的商业化和产业化。

拓展 阅读

大学生创业的基本条件有哪些？

有关专家总结的创业七大必备条件包括：

1. 充分的资源（Resources），包括人力和财力。创业者要具备充分的经验、学历、流动资金、时间、精神和毅力。

2. 可行的概念（Ideas）。生意概念不怕旧，最重要的是可行，有长久性、可以继续开发、扩展。

3. 适当的基本技能（Skills）。不是行业中的一般技能，而是通常性的企业管理技能。

4. 有关行业的知识（Knowledge）。不能只陶醉于自己的理想。

5. 才智（Intelligence）。创业者不一定要有高智商，但要能够善于把握时机去做出明确的决定。

6. 网络和关系（Network）。创业者如果有人帮助和支持，会为不断扩大朋友网络和维护好人际关系带来不少方便。

7. 确定的目标（Goal）。可使创业者少走弯路，有奋斗方向。

将七个条件的首个英语字母串在一起，恰好是"RISKING"（冒险）一词，也说明创业是伴随风险的。

（摘自《个人创业的基本条件是什么》，百度文库网：https：//wenku. baidu. com/view/f42a35eb19e8b8f67c1cb9a8. html? fr＝income3－doc－search&＿wkts＿＝1682153459617&wkQuery）

小测试

你适合创业吗？

有一天，你接到了三个邀请，恰好都是同一个周末的下午：

1. 某企业家在报告厅谈他成功的辉煌人生；

2. 一个大学生创业者来校讲述自己创业的失败经历；

3. 你多年未见的一群同学聚会。

你的选择是 _____。

三、创业的过程与阶段

创业过程是由包括创业者从产生创业想法到创建新企业或开创新事业并获取回报，涉及识别创业机会、组建创业团队、寻求融资等一系列活动组成的流程。通常分为以下六个主要环节。

1. 产生创业动机

创业动机是识别创业机会的前提，是创业的原动力，它推动创业者去发现和识别市场机会。创业活动的主体是创业者，创业活动首先取决于个人是否希望决定成为创业者。当然，不少人是因为看到了创业机会，由于潜在收益的诱惑，才产生了创业动机，进而成为一名创业者或创业团队成员。一个人能否成为创业者，会受三方面因素的影响：一是个人特质。每个人都可能具有创业精神，但其创业精神的强度不同。强度的大小有遗传的成分，更受环境的影响。比如温州人的创业意愿相对强烈，其中环境起到了很大的作用。二是创业机会。创业机会的增多会形成巨大的利益驱动，促使更多的人尝试创业。社会经济转型、技术进步等多方面的因素在使创业机会增多的同时，也会降低创业门槛，进而促成更大的创业热潮。三是创业的机会成本。人们能从其他工作中获得高收入和满足需求，创业意愿就低。比如，科学家独立创业的少，是因为科学家已经谋得了一份收入相对丰厚而且稳定的工作，就较少愿意去冒创业风险。

2. 识别创业机会

识别创业机会是创业过程的核心环节。识别创业机会包括发现机会来源和评价机会价值。一般应澄清四个基本问题：第一，机会何来？就是说创业者应该找到创业机会的来源在哪里。第二，受何影响？就是说创业者应该找到影响创业机会的相关因素。第三，有何价值？就是说创业者应该找到创业机会所具有的能被评价的价值。第四，如何实现？就是说创业者应该清楚能通过什么形式或途径使机会变成实际价值。围绕这些问题，创业者在识别创业机会阶段需要采取行动，多交流、多观察、多获取、多思考、多分析，最终抓住创业机会。

3. 整合有效资源

整合资源是创业者开发机会的重要手段。一般情况下，创业者可以直接控制的可用资源往往很少，创业几乎都会经历白手起家，从无到有的过程。对创业者来说，整合资源往往意味着需要借船出海，要善于尝试依靠盘活别人掌握的资源来帮助和实现自己的创业起步。人、财、物都是开展创业活动所必需的基本生产要素。创业者所需要整合的资源，首先是组建团队，凝聚志同道合的人；其次是进行有效的创业融资；最后是要有创业的基础设施，包括创业活动的场地和平台。创业是在创业者面对资源约束情况下开展的具有创造性的工作，一定会面临很大的不确定性，所以，创业者在创业初期乃至新企业成长的很长一段时间里，都要把主要精力放在资源的获取上，以解决公司和企业的生存问题。此外，创业者还需要围绕创业机会设计出清晰的、有吸引力的商业模式，有时还需要制订详细的创业计划，以此向潜在的资源提供者陈述和展示，以获取更多的资源支持。

4. 创建新企业

新企业的创建是创业者的创业行为最为直接的标志。创建新企业包括企业制度设计，企业注册，经营地址的选择，确定进入市场的途径，是选择完全新建企业还是采取加入或收购现有企业等。值得注意的是，许多创业者在创业初期迫于生存的压力，以及对未来缺乏准确预期，往往容易忽视这部分工作，给以后的发展留下了隐患。

5. 提供市场价值

创业者识别机会，整合资源，创建新企业等都是为了实现自己的创业目标，但真正能促成创业目标最终实现的是看创业者能否提供市场价值。这是创业过程中的重要环节，关系新企业的生存与成长。因此，创业者必须面对挑战，采取有效措施，使创业的市场价值得到充分涌流和实现，不断地让客户收益，从而获得企业的长期利润，逐步把企业做活、做好、做大、做强。

6. 收获创业回报

收获回报是创业活动的主要目的，对回报的获取有助于促进创业者的事业发展。回报可能是多种多样的，对回报的满意程度在很大程度上取决于创业者的创业动机。调查发现，创业者的创业动机不同，对收获创业回报的态度和想法也有所不同。对多数年轻创业者来说，获取回报最为理想的途径之一，是把自己创建的企业尽快发展成为一家快速成长的企业，并成功上市。

根据以上的创业过程分析和创业实践案例研究，可以归纳出：一个全过程的创业大致可划分为四个主要阶段，即机会识别、资源整合、创办新企业、新企业生存和成长。上面介绍的创业过程所包含的环节中，产生创业动机、识别创业机会属于机会识别阶段；整合有效资源属于资源整合阶段；创建创业企业属于创办新企业阶段；而提供市场价值、收获创业回报则属于创业的生存和成长阶段。

创业的阶段也可以从公司发展的性质进行更大的阶段划分，可分为四个基本阶段：

第一阶段，生存阶段。以产品、技术和服务来占领市场，重点是要有想法，会销售。

第二阶段，公司化阶段。以规范管理来增加企业效益，这需要创业者提高思维层次，将公司运营从基本想法提升到企业战略思考的高度。

第三阶段，集团化阶段。以产业化的核心竞争力为硬实力，依靠一个个团队的合作，构建子公司和整个集团的系统平台，通过系统平台来完成管理，把销售变成营销，把区域性渠道转变成地区性网络。

第四阶段，总部阶段。以一种无国界的经营方式构建集团总部，依靠一种可跨越行业边界的无边界核心竞争力，让企业发展到最高层级。

▶ 任务三　践行创新创业人生

在现代社会，尽早做好职业生涯规划对于一个人的发展至关重要。只有这样，才能认清自我，不断探索开发自身潜能的有效途径或方式，才能准确地把握人生方向，塑造成功的人生。

一、职业生涯概念

职业生涯(Career)是指个人通过从事工作所创造出的一个有目的、延续一定时间的生活模式。这个定义由美国职业发展协会(National Career Development Association)提出，是职业生涯领域中被最广泛使用的一个定义。职业生涯的这个定义中包含了一些重要的概念，它们对所有进行职业生涯规划的人都有着重要的意义。下面按照定义中的顺序分别进行介绍。

"个人所从事的"强调了职业生涯对个人而言是独特的。现实中，基于个人特定的成长经历，不同的兴趣爱好，没有两个人拥有完全相同的"职业生涯"。即使人们可能有相似的兴趣或技能，从事相同的职业，为相同的机构工作，但他们的职业生涯仍然可能不同。

"工作"对于职业生涯专家而言，是一种可以为自己或他人创造价值的活动。但在日常生活中，我们每个人对它的含义都有一定不同的认识。所以"工作"这个概念可能是职业生涯领域最易被误解的词语之一。

"创造出"在这里是指职业生涯是一个人的愿望和可能性之间、理想和现实之间妥协和权衡的产物。职业生涯发展是一系列选择连续进行的结果。人们做出选择时，需要权衡这些选择的收益以及代价和风险。对一个人来说，没有十全十美的职业生涯道路，但也许会有最适宜的职业生涯道路。

"有目的"表明职业生涯对个人来说是有意义和有价值的。职业生涯凝结了个人的价值观和信念，反映了个人的动机、抱负和目标，不是偶然发生或应运出现的，而是需要规划、思考、制订和执行的。

"延续一定时间"说明职业生涯不是作为一个事件或选择的结果而发生的事情，不是局限或束缚于某一特定的工作或职责的时间段。它本质上是持续一生的过程，会受到个人内存和外在力量的影响。该领域的一些专家甚至使用"生命/生涯"(life/

career)这个词作为联结生命过程和生涯观念的桥梁。

"生活模式"在这里意味着职业生涯不仅是一个人的职业或工作。职业生涯与成人所有的生活角色交互作用：家长、配偶、持家者、学生，以及人们整合与安排这些角色的方式。

职业生涯有其基本的含义。

第一，职业生涯是个体的行为经历，而非群体或组织的行为经历。职业生涯实质是指一个人一生之中的工作任职经历或历程。第二，职业生涯是个时间概念，意指职业生涯期。职业生涯期始于工作之前的专门的职业学习和训练，终止于完全结束或退出职业工作。不同个人之间的职业生涯期有长有短，是不完全一样的。第三，职业生涯是个包含着具体职业内容的、发展的、动态的概念。职业生涯纵向表示职业工作时间的长短，横向内含着职业发展、变更的经历和过程，包括从事何种职业工作，职业发展的阶段，由一种职业向另一种职业的转换等具体内容，是纵横交错的。

职业生涯也可以从另一个角度将其分为外职业生涯和内职业生涯。

外职业生涯是指从事职业时的工作单位、工作地点、工作内容、工作职务、工作环境、工资待遇等因素的组合及其变化过程。如，职务目标，总经理、教授；经济目标，年薪 30 万。外职业生涯的构成因素通常是由别人给予的，也容易被别人收回。外职业生涯因素的取得往往与自己的付出不符，尤其是职业生涯初期。有的人一生疲于追求外职业生涯的成功，但内心极为痛苦，因为他们往往不了解，外职业生涯发展是以内职业生涯发展为基础的。

内职业生涯是指从事一项职业时所具备的知识、观念、心理素质、能力、内心感受等因素的组合及其变化过程。比如，工作成果目标，销售经理的工作业绩；心理素质目标，经受得住挫折，能做到临危不惧、宠辱不惊。内职业生涯各项因素的取得，可以通过别人的帮助而实现，但主要还是由自己努力追求而得以实现。与外职业生涯构成因素不同，内职业生涯的各构成因素内容一旦取得，别人便不能收回或剥夺。

二、职业生涯规划

职业生涯规划，是指组织或者个人把个人发展与组织发展相结合，对决定个人职业生涯的个人因素、组织因素和社会因素等进行分析，制订个人一生事业发展上的战略设想与计划安排。

具体来说，职业生涯规划就是指个体客观认知自己的兴趣、能力、性格和价值观，发展适合自己的完整的职业自我观念，将个人发展与组织发展相结合，在对个人和外部环境因素进行分析的基础上，深入了解各种职业的需求趋势以及能够取得这个职业的关键因素，确定自己的事业发展目标，并具体地选择实现这一事业目标的职业或岗位，编制相应的工作、教育和培训行动计划，制定出基本措施，高效行动，灵活调整，有效提升职业发展所需的执行、决策和应变技能，使自己的事业得到顺利发展，并获取最大程度的事业成功。简而言之，职业生涯规划是指一个人对其一生中所承担职务相继历程的预期和计划。对大学生而言，职业生涯规划就是指根据自己的特点，结合社会要求，为自己设计最适合的职业和职业发展道路。

根据定义，职业生涯规划首先要对个人特点进行分析，再对所在组织环境和社会环境进行分析，然后根据分析结果制定一个人的事业奋斗目标，选择实现这一事业目标的职业，编制相应的工作、教育和培训的行动计划，并对每一步骤的时间、顺序和方向做出合理的安排。

三、创业人生与创新创业规划

从创业人生的视角分析，创业首先是一种理念、一种精神，一种不满足于现状、敢于创新并承担风险的精神，是一种在考虑资源约束的情况下把握机会创造价值的认识。从广义的角度去看创业，可以理解为一个人根据自己的性格、兴趣、所学专业、能力等选择适合自己的事业（可以是创办企业，也可以是创办非营利的事业，还可以是就业），并把握机会，为这个事业的成功整合资源、付诸努力，最终实现自己人生目标的过程。因此创业能力中所包括的捕捉机会、整合资源的意识，以及领导、沟通等能力，具有普遍性与时代适应性。无论你从事什么样的行业或职业，创业能力都将在个人职业生涯中发挥巨大的作用。

创业需要树立正确的创业观。创业者不仅要努力实现个人价值，更要考虑社会价值的实现。要处理好创业与职业生涯发展的关系，把专业知识和职业技能创造性地运用到经济社会发展中去。创业教育要注重培养学生的社会责任感，如创造价值、服务国家、服务人民等；培养学生自尊、自爱、自强、自信的精神，培养迎难而上、坚持不懈、勇于创新的意志品质，以及遵纪守法、诚实守信、善于合作的职业操守，选择正确的创业方向。

创业需要培养创新的强烈意识。创业者要学会运用已知的信息，不断突破常规，发现或产生某种新颖、独特的社会价值或个人价值。创业者要保持对未知事物和新事物的好奇心、对新知执着的探究兴趣、追求新发现和新发明的激情。创业教育不仅要使学生熟练掌握专业知识技能，更重要的是培养学生的创新意识、问题意识、合作意识、社会意识，这必将有助于学生综合素质和能力的培养，提高适应复杂多变的生活环境和工作环境的能力，较快进入创业角色，从而促进学生创业能力的发展。

创业需要拥有博大的人文情怀。脱离人与人的关系、人与自然的关系、人与物的关系来谈创业是不可能的。人文因素在学生创业的动力、方法和形式上将发挥事半功倍的效用。创业教育要致力于学生团队合作精神的培养，鼓励学生追求人文教育与科学教育的整合，以有助于未来创业者改善生产、生活中的各种关系，改进生产方式，有效利用新的生产资源和劳动手段，提高效率、效益和服务水平。

创业，要有开阔的视野和综合思维能力。创业者要具有多角度分析问题的能力和方法。在学科专业化趋势日益凸显的同时，经济社会发展对边缘性、交叉性、综合性创业人才的需求也更加紧迫。成功的创业教育，要求学校特别是高校的教育教学打破学科之间、专业领域之间、文理之间的传统界限，在开拓学生知识面的基础上，提高学生从不同角度分析问题和解决问题的能力。教学要立足于开阔学生视野，增加跨专业、跨学科、跨行业的内容，使学生形成与产业结构、经济发展方式变化相适应的综合思维方式，养成对未来创业者发展起关键性作用的综合能力，为他们在边缘性、交叉性、综合性领域发现新的创业平台打下素质基础。

对于一个立志创新创业的人来说，要制订一份好的规划，应该把握三个主要内容：自己能够做什么，社会需要什么，自己拥有什么资源。因此，就有必要进行自我分析、环境分析和关键成就因素分析。

第一，自己能够做什么。作为一个创业者来说，只是知道自己想干什么还是不够的，更重要的是，应该知道自己能够做什么、做得到什么。当然，这也是相对而言的，因为一个人的潜能发挥是一个逐渐展现的过程。但是，一个人对自己的兴趣、潜能有一个基本的认识，仍然是一项具有前提性的工作。

第二，社会需求什么。一个人在明确自己想做什么、能做什么的同时，还应考虑社会的需求是什么这一重要因素。如果一个人所选择的创业领域既符合自己的兴趣又与自己的能力相一致，却不符合社会的需求，那么，这种创业的前景无疑会变得暗淡。由于分析社会需求及其发展态势并非易事，因此，在选择创业目标时，应该进行多方面的探索，以求得出客观而正确的判断。

第三，自己拥有什么资源。要创业，就必然依赖各种各样的资源。创业者应该清楚地审视自己所拥有或能够使用的一切资源的情况，是否足以支持创业的启动和创业成功之后可持续地进行。这里所说的资源，不仅指经济上的资金，还包括社会关系，即通过自己既有人际关系以及既有人际关系的进一步扩展所可能带来的各种具有支持性的东西。

总之，一份创业规划必须将个人理想与社会实际有机地结合，创业规划同样能够帮助一个人真正了解自己，并且进一步评估内外环境的优势、劣势，从而设计出既合理又可行的职业事业发展方向。只有使自身因素和社会条件达到最大程度的契合，才能在现实中发挥优势、避开劣势，使创业规划更具有可操作性。

拓展 阅读

职业生涯规划 5 个 "what" 的思考模式

职业生涯规划的制定，可参考 5 个 "what" 的思考模式，它构成了制订职业生涯规划的前提性步骤。

第一，what are you? 要求一个人对自己做一个深刻反思与认识，对自身的优势与弱点都要加以深入细致的剖析。

第二，what do you want? 要求一个人对自己未来职业发展的目标和前景做出一种愿望定位、心理预期和取向审视。

第三，what can you do? 要求一个人对自己的素质，尤其是自身的潜能和实力进行全面的测试和把握。

第四，what can support you? 要求一个人对自己所处的环境状况和所拥有的各种资源状况有一个客观、准确的认识和把握。

第五，what can you be in the end? 要求一个人对自己所提出的职业目标以及实现方案做出一个具体明确的说明。

一般而言，清晰、全面地回答了以上 5 个问题，就为系统地制订出一份个人的职业生涯规划准备了一个重要前提。

（改编自《职业规划中五个 WHAT 认清自己》，百度文库网：https：// wenku. baidu. com/view/49381d7b925f804d2b160b4e767f5acfa0c7831f. html? fr＝income1－doc－search＆＿wkts＿＝1682153790612＆wkQuery）

✐ 小测试

1. 有人说创业太早了，会死在沙滩上；太晚了，也就没机会了。你怎么看？
2. 你五年后开始创业会比今天就创业的成功概率更高吗？
3. 你会选择创业人生吗？为什么？

▶ 项目小结

从经济角度分析，创新是生产要素的重新组合，其目的是获取潜在的利润。熊彼特认为，创新是一个经济范畴，可以把已发明的科学技术引入企业之中，形成一种新的生产能力。国外的德布林咨询公司在研究了近 2000 个创新案例后，开发出"创新的十种类型"框架。创新是创业的源泉和本质，创业是一个从无到有的创新过程。

创业是不拘泥于当前的资源约束、寻求机会、进行价值创造的行为过程。迄今为止，人们对创业要素的认知和分析模型中，最为典型和公认的为蒂蒙斯模型。该模型提炼出了创业的三大关键要素，即创业机会、创业者及其创业团队、创业资源。基于创新内容的不同，创业可以分为基于产品创新的创业、基于营销模式创新的创业和基于组织管理体系创新的创业。一个全过程的创业可大致划分为四个主要阶段，即机会识别、资源整合、创办新企业、新企业生存和成长。

创新型人才，就是具有创新精神和创新能力的人才。知识经济时代要求创新型人才要有可贵的创新品质、坚韧的创新意志、敏锐的创新观察、丰富的创新知识和科学的创新实践。

复习思考题

1. 运用头脑风暴法分析创业的要素、创业的功能价值与创新型人才的素质要求。

2. 分析李彦宏创业案例："选择了就要坚持"，请学生总结创业者应具备哪些创业精神，这些创业精神对职业生涯发展有哪些促进作用。

讨论性问题

1. 团队成员共同分享与创业相关且给你印象最深刻的一件事（可以是家人的、朋友的、也可以是公众人物的事件）。谈一谈为什么这件事对你来说是重要事件，你从中受到什么启发。

2. 团队成员共同分享有关创业且对你影响最大的人（可以是家人、朋友，也可以是公众人物）。谈一谈为什么这个人对你来说是影响最大的人，他有什么精神值得我们去学习。

实践性问题

1. 学生自由结组，组成创业团队，在现有的大环境下，确定一个明确的创业方向。

2. 分析自己并自我评价一下自己具备哪些创新创业的素质能力。

3. 坚持关注国内外的创新创业环境和机会。

4. 应该如何看待创新、创意和创业的关系？

创建创业团队

- 了解创业者及其特质。
- 了解创业团队的重要性。
- 掌握创业者应具备的素质。
- 掌握组建团队的基本方法。

创业团队是为进行创业而形成的集体。它使各成员（包括创业搭档团队成员）联合起来，在行为上形成彼此影响的交互作用、在心理上意识到其他成员的存在及彼此相互归属的感受和工作精神。本项目就如何创建创业团队进行重点介绍，同时就创业团队的特点进行归纳。

▶ 任务一　成长为创业者

一、创业者的概念

创业者是创业活动、创业过程的主体。

在创业所必需的各种条件和资源中，创业者的自身条件、自身资源是根本性的，是第一位的，在创业过程中始终起主导作用。

创业需要各种客观条件：大的方面指创业者所面临的一定社会经济、政治、法律、文化 环境等外部宏观条件；对一个人来讲，往往表现为自己创业的时势、机会、境遇、运气，具体包括创业者所能拥有和利用的物质资源、财力（资金）资源、人脉（人事关系）资源等。

一个人所生活的社会环境、家庭背景，如同你在什么地方、什么时间出生一样，是本人无法自由选择的。你只能适应社会，而不能幻想让社会适应你。固然是"时势造英雄"，但同样的"时势"下，并不是人人都会成为英雄。机会不是别人赐予的，不是等来、盼来的，而是要寻找、要争取、要努力抓住的——"机会是给有准备者的"。另外经商做生意，没有物资、没有财力、没有人脉固然不行，但是如果创业者自身具备一个创业者应有的素质、能力，没有物质可以用智力换；没有资金，可以靠打拼来积攒；没有可做靠山的家庭背景，可以白手起家；没有可利用的人际关系，就靠自己，并靠自己的智能和人格魅力带来人缘。想一想那些创业成功的人就会真真切切地明白这个道理。

所以，想不想创业、能不能创业、是不是有条件去创业以及创业能否取得成功，关键在自己。

二、创业者的特质

企业经营的成败取决于创业者自己，成功的创业者需要具备经营企业的素质和能力，具体如下。

(1)强烈的欲望

欲望实际就是一种生活目标，一种人生理想。创业者的欲望与普通人欲望的不同之处在于，他们的欲望往往需要打破他们现在的立足点，打破眼前的樊笼，才能够实现。欲望是创业的最大推动力。

(2)超乎想象的忍耐力

创业的路上，你无法想象将付出怎样的代价，付出怎样的努力，忍受多少别人无法忍受的憋闷痛苦，这些都需要超强的忍耐力。

(3)开阔的眼界

对于创业者来说，必须具备广博的见识、开阔的眼界，才能有效地拉近自己与成功的距离，少走弯路。

(4)善于把握趋势又通人情事理

创业是一个在夹缝里求生存的活动，尤其处于社会转型时期，各项制度、法律环境都不十分健全，创业时只有先顺应社会，才能避免在人事关节上出问题。

(5)商业敏感性

创业者的敏感是对外界变化的敏感，尤其是对商业机会的快速反应。良好的商业感觉是创业者成功的最好保证。

(6)拓展人脉

创业不是引"无源之水"，栽"无本之木"。每一个人创业，都必然有其凭依的条件，也就是其拥有的资源。创业者资源可分为外部资源和内部资源，外部资源最重要的一点是有人脉资源，即创业者需具备构建其人际网络或社会网络的能力。人脉资源按重要性来看一是同学资源，二是专业资源，三是朋友资源。内部资源主要是创业者个人的能力，包括其所占有的生产资料及知识技能、家族资源等。

（7）谋略

创业者的智谋在很大程度上决定其创业成败。尤其是在目前产品日益同质化，市场有限，竞争激烈的情况下，创业者不但要能够守正，更要出奇。

（8）胆量

创业本身就是一项冒险活动，需要强大的心理承受能力。

（9）与他人分享的愿望

作为创业者，一定要懂得与他人分享。一个不懂得与他人分享的创业者，不可能将事业做大。

（10）自我反省的能力

反省其实是一种学习能力。创业既然是一个不断摸索的过程，创业者就难免在此过程中不断地犯错误。反省，正是认识错误、改正错误的前提。成功的创业者有一个共同之处，就是都善于学习，勇于进行自我反省。

创业需要的是综合素质，其中大多数素质可以通过后天的努力来改善。

三、创业者所必须具备的个人主观条件

（1）思想观念方面：热爱生活，积极进取，有干一番大事业的人生态度；具有挑战命运、改变现状、实现自我价值的人生价值观念；志存高远，富有远大的自我奋斗的人生理想。这是成就创业人生的思想灵魂。

（2）身心健康方面：充满激情，勇往直前的英雄气概，豁达、平和、乐观的心境；坚强的意识（自觉性、自制力、果断性、坚忍性和很强的心理承受能力）；高度自信；适应能力强，具有健全的人格；善于同他人沟通、协调，合作的良好心态，具有和谐的人际关系；健康的身体，充沛的精力。

（3）个人处事风格、习惯方面：做事果断，有胆有识；看准时机，敢于冒险；踏实肯干，富有成效；坚韧顽强、吃苦耐劳；独立自主，善于创新。

（4）基本能力方面：学习能力，包括勤于和善于观察，获取信息，吸收，借鉴，不断学习钻研知识充实和提高自己；思维能力，善于理性分析、判断，具有思维的准确性和敏捷性；创新能力，具有预见性、远见性、前瞻性，善于把握先机，具有不同于众人的创意和开拓性；良好的沟通、交往、与人合作的能力；出色的办事能力；管理（计划、决策、组织、指挥领导、协调、控制）能力。

（5）知识和经验方面：掌握科学文化知识，是创业的有利条件；掌握和熟悉你所从事的行业（专业）和项目的有关知识及技术，是创业实践的必备条件；而经验，包括经商经验、行业经验、企业经营管理经验，虽然不是进行创业的先决条件，但必将成为创业能否成功的重要因素。

✍ 案例

在长沙机场大道项目展风采

2015 年，张志军担任长沙机场大道项目经理，这也是他第一次担任项目经理。项目地处长沙黄花国际机场，工程要跨越长沙磁悬浮快线和 4.5 千米长的高架桥，施工过程中还要遇到航油、天然气、国防光缆等 10 多个为机场服务的管线，既不能让这些管线影响施工，也不能对管线造成任何的干扰，施工难度可想而知。

面对如此多的难题，张志军没有退缩。他带领技术专家起早摸黑，一次次论证、一次次摸索，无数次走访政府、机场、磁浮公司等 10 余家单位和企业。在张志军带领的团队不懈努力下，最终实现了项目高效优质的目标，顺利通车。最让他感到自豪和骄傲的是该项目完成了世界首例、史无前例的跨磁浮快线钢箱梁顶推。在钢箱梁顶推那十几天，他每天都守在桥上，白天讨论方案，晚上等磁浮列车停运后再施工，一天也就睡两三个小时。这一推，让张志军白了头。

一分耕耘一分收获，2017 年 6 月 20 日，中国建筑业协会在长沙机场大道项目成功举办了全国质量观摩会议和"鲁班奖项目经理研讨班"。项目同时获得"长沙市绿色工地""长沙市优质工程奖""湖南省安全质量标准化工地""全国建筑业文化建设示范项目部""中国中铁优质工程奖"，前不久又获得国家优质工程奖。

（摘自河南工人日报搜狐网：https：//www.sohu.com/a/152661903_450920）

四、创新创业意识的培养

创新创业意识的培养首先涉及一个经常出现的问题：一个人是如何决定开始创办一个企业的？换句话说，是什么力量和因素激励一个人去冒险创业的？研究表明有三个核心因素，即改变现状、可信的榜样和具备创新创业的意识和能力。

那么应该如何提高创新创业意识呢？

1. 主体意识

创新创业是艰难的事业。过去，普通的平民百姓没有创业的条件，更无法成为创业的主体。随着改革开放的深入发展，人力资源的潜能得到最大限度发挥，普通人也可成为创业的主体。这种创业的主体意识、主体地位、主体观念，会成为创业者在风口浪尖上拼搏的巨大力量。这种力量会鼓舞他们抓住机遇，迎战风险，拼命地去实现自身价值，同时也会使他们承受更多的压力和困难。因此，这种创业主体意识的树立，就成了创业者在创业中必须具有的、十分宝贵的内在要素。我们只有理解这一点，抓住这一点，培育这一点，提升这一点，才能深切地认识到：创业是人生路上的一个转折点，是我们增加知识、提升能力的极好机会。只要你抓住了重新崛起的支点,灿烂的明天,美好的未来,就会向你走来。

2. 风险意识

风险意识是中国企业在与国际接轨中应着重增强的一种现代经营意识,也是创业企业和创业者急需培养和增强的一种重要的创业意识。创业是充满风险的。创业者对可能出现和遇到的风险准备和认识不足,是我国当前群体创业活动中的一种普遍现象。这种创业风险意识的缺位,突出表现在以下四个方面:在心理准备上表现为对创业可能出现和可能遇到的困难准备不足;在决策上表现为不敢决策,盲目决策,随意决策;在管理上表现为不抓管理,无序管理,不敢管理;在经营上表现为盲目进入市场,随意接触客户,轻率签订商务合同。这种没有风险经营意识的做法,恰恰是创业者无正确风险经营意识的典型表现。正确的做法是,要从害怕风险、不敢迈步之中解放出来,敢于去市场经济的大潮中劈风斩浪,同时也要在经受商海的历练和锻打中善于规避风险,化解风险,使自己在迎战风险的过程中站立起来,成熟起来,成为商海的精英和栋梁。

3. 学习意识

创业者创业后面对的第一个也是最普遍的问题就是发生了知识恐慌。原有的知识底蕴和劳动技能已经不足以支撑他们应对创业过程中出现的大量的新情况和新问题。因此,创业者应该随时注意进行知识更新,才能适应和满足繁重的创业需求。比如,天津市妇女创业服务中心的入驻企业,不仅进行常规的科学文化知识和营销管理理念的学习,还进军电子商务,走信息化创业之路,以满足创业者对现代创业理念的需要。

4. 资源整合意识

整合理念是现代营销学中的崭新理念,是在全球经济一体化的新形势下,跨国集团寻求企业最大利润空间的一种战略能力和进击能力。任何一个创业者都不可能把创业中所涉及的问题都解决好,也不可能把一切创业资源都备足,关键在于要学会进行资源整合。因此资源整合的原则不仅是创业设计中的一个重要原则,也是在创业中借势发展、巧用资源、优势互补、实现双赢的重要方法。创业者刚刚开始创业,资金不足,资源缺乏,没有经验,不会经营。在银行开了账户,有了支票都不知道图章盖在哪,可以说每一步都可能碰壁。在这种情况下,给他们一座金山,不如给他们一种能力。使他们看到现代企业的发展趋势,把握崭新的创业理念,并以此为武器,进行各种最佳创业要素的整合,才能开拓出自己的未来之路。这种现代创业意识,必将成为创业者快速崛起的一种特效武器。

5. 信息意识

信息是资源,是财富,但是很多创业者不懂得信息的价值和信息资源的重要性,不会寻找和利用信息资源,更不懂得去开发信息资源中的价值。正如一个创业者所讲的:"刚开始创业时,我不懂得查信息,找商机。每天只知道傻愣愣地站着，傻愣愣地喊。结果，一天下来，腰酸腿疼，还不挣钱。"后来，知识产权局的同志来给创业者作报告，还带来了20多万条过期专利，提供给创业者进行筛选。在对这些信息的筛选中，这个创业者获知了国际上需求超薄型针织服装的信息，她立刻加紧运作，从香港引进了用细羊绒和蚕丝制成的冬暖夏凉又十分轻便的超薄型针织面料，还添置了先进设备，培训员工，充实技术人员，很快就让自己生产的春、夏、秋、冬四季超薄型针织服装上市，深深尝到了开发信息资源的甜头。自此，她懂得了信息的重要性，不仅订阅了大量信息刊物，还参加了"零起步电子商务培训班"，听专家讲解、介绍网络营销的技能和技巧，学会利用网络去搜索信息，捕捉商机。

6. 经验积累

你必须清楚地了解自己是否具有创办和经营企业所需要的能力和经验。你的工作经验、技术能力、企业实践经验、爱好、社会交往能力和家庭背景对于企业的成功都是很重要的因素。如果发现自己缺乏创办企业必备的素质和能力，可以通过如下方法加以改进：与企业人士交谈，向成功的企业人士学习，但要清楚你的成功很大程度上取决于自己的努力。做一名成功人士的助手或学徒。参加一个培训班或学习班，接受培训。阅读一些可以帮助你提升经营技巧的书籍。与家人讨论经营企业的困难并说服他们支持你。练习讨论某种情况或某个想法的利弊。制订未来企业计划，增强你的创业动机。提高思考问题、评价问题以及应对风险的能力。学习和思考如何更好地应对危机。多接受别人的意见和新的想法。遇到问题时，要分析问题的前因后果，并提高自己从错误中吸取教训的能力。加大对工作的投入并且认识到：只有努力工作，才能获得成功。寻找能与你取长补短的合伙人，而不是完全依靠自己去创办企业。

▶ 任务二 组建创业团队的方法和步骤

一、创业团队内涵

创业团队并非一般意义上的群体。创业团队中的成员所做的贡献是互补的，而群体中成员之间的工作在很大程度上是互换的，由于团队中工作的互补性，使得不同团队成员之间的优势资源和能力得到充分发挥，合作无间，真正实现"1+1>2"的合作效能。团队的成员对是否完成团队目标一起承担失败责任并同时承担个人责任，团队目标的实现需要团队成员间彼此协调和相互依存。

创业团队是有着共同目标、共享创业收益、共担创业风险的一群创建新企业的人。创业团队整体水平受团队成员的受教育程度、前期创业经历、相关产业经验、社会网络关系等因素的影响。

一个优秀的创业团队，是企业不竭生命力的来源，是新企业生存和发展的核心。新企业的运作，追根究底是人的运作，是创业团队成员的运作。创业团队组织新企业运作经营，整合新企业资源，带领着新企业不断向目标迈进。无论是初始资本的积累、新企业雇员招募，还是新企业的运营管理，都是创业团队在发挥作用。所以，创业团队的创建、创业团队的合作水平以及创业团队成员的素质是新企业资源获取、高校维持新企业运作的关键因素。

二、创业团队组建的基本原则

创建一个优秀的创业团队，是长久创业之路的开始。然而，对于创业团队组建方式的选择也不可不重视。组建方式的选择，直接决定着创业团队合作水平的高低和整体能力的高低。选择以理性逻辑来组建创业团队，则创业团队会分析创业所需要的资源和能力，并将其与自己所拥有的资源和能力相比较，将组建创业团队视为弥补自身能力空缺的一种方法，目的是整合优秀的资源来推动创业成功。若选择非理性逻辑来创建创业团队，则创业团队更重视团队成员凝聚力的建设，又或者创业团队看重的不是团队成员拥有什么资源和能力，而是看重团队成员对自身的人际吸引力。一般都遵循以下几个原则。

（1）目标明确合理原则

目标必须明确，这样才能使团队成员清楚地认识到共同的奋斗方向是什么。与此同时，目标也必须是合理的、切实可行的，这样才能真正达到激励的目的。

（2）互补原则

创业者之所以寻求团队合作，其目的就在于弥补创业目标与自身能力间差距。只有当团队成员相互间在知识、技能、经验等方面实现互补时，才有可能通过相互协作发挥出协同效应。

（3）精简高效原则

为了减少创业期的运作成本、最大比例的分享成果，创业团队人员构成应在保证企业能高效运作的前提下尽量精简。

（4）动态开放原则

创业过程是一个充满了不确定性的过程，团队中可能因为能力、观念等多种原因不断有人离开，同时也有人要求加入。因此，在组建创业团队时，应注意保持团队的动态性和开放性，使真正完美匹配的人员能被吸纳到创业团队中来。

三、创业团队组建的主要影响因素

创业团队的组建受多种因素的影响，这些因素相互作用共同影响着组建过程并进一步影响着团队建成后的运行效率。

1．创业者

创业者的能力和思想意识从根本上决定了是否要组建创业团队以及团队组建的时间表以及由哪些人组成团队。创业者只有在意识到组建团队可以弥补自身能力与创业目标之间存在的差距，才有可能考虑是否需要组建创业团队，以及对什么时候需要引进什么样的人员才能和自己形成互补做出准确判断。

2．商机

不同类型的商机需要组建不同类型的创业团队。创业者应根据创业者与商机间的匹配程度，决定是否要组建团队以及何时、如何组建团队。

3．团队目标与价值观

共同的价值观、统一的目标是组建创业团队的前提，团队成员若不认可团队目标，就不可能全心全意为此目标的实现而与其他团队成员相互合作、共同奋斗。而不同的价值观将直接导致团队成员在创业过程中脱离团队，进而削弱创业团队作用的发挥。没有一致的目标和共同的价值观，创业团队即使组建起来，也无法有效发挥协同作用，缺乏战斗力。

4．团队成员

团队成员能力的总和决定了创业团队整体能力和发展潜力。创业团队成员的才能互补是组建创业团队的必要条件。而团队成员间的互信是形成团队的基础。互信的缺乏，将直接导致团队成员间协作障碍的出现。

5．外部环境

创业团队的生存和发展直接受到了制度性环境、基础设施服务、经济环境、社会环境、市场环境、资源环境等多种外部要素的影响。这些外部环境要素从宏观上间接地影响着对创业团队组建类型的需求。

三、组建创业团队的主要工作

组建创业团队的关键要素有五个：定位、权限、目标、计划、人员。这五个要素的英文单词首字母都是 P，因此，也被称作创业团队的 5P 模型或 5P 要素。主要包括如下工作。

1．明确创业目标

创业团队的总目标就是要通过完成创业阶段的技术、市场、规划、组织、管理等各项工作实现企业从无到有、从起步到成熟。总目标确定之后，为了推动团队最终实现创业目标，再将总目标加以分解，设定若干可行的、阶段性的子目标。

2．制定创业计划

在确定了一个个阶段性子目标以及总目标之后，紧接着就要研究如何实现这些目标，这就需要制定周密的创业计划。创业计划是在对创业目标进行具体分解的基础上，以团队为整体来考虑的计划，创业计划确定了在不同的创业阶段需要完成的阶段性任务，通过逐步实现这些阶段性目标来最终实现创业目标。

3. 招募合适的人员

招募合适的人员也是创业团队组建最关键的一步。关于创业团队成员的招募，主要应考虑两个方面：一是考虑互补性，即考虑其能否与其他成员在能力或技术上形成互补。这种互补性形成既有助于强化团队成员间彼此的合作，又能保证整个团队的战斗力，更好地发挥团队的作用。一般而言，创业团队至少需要管理、技术和营销三个方面的人才。只有这三个方面的人才形成良好的沟通协作关系后，创业团队才可能实现稳定高效；二是考虑适度规模，适度的团队规模是保证团队高效运转的重要条件。团队成员太少则无法实现团队的功能和优势，而过多又可能会产生交流的障碍，团队很可能会分裂成许多较小的团体，进而大大削弱团队的凝聚力。一般认为，创业团队的规模控制在 2～12 人之间最佳。

4. 职权划分

为了保证团队成员执行创业计划、顺利开展各项工作，必须预先在团队内部进行职权的划分。创业团队的职权划分就是根据执行创业计划的需要，具体确定每个团队成员所要担负的职责以及相应所享有的权限。团队成员间职权的划分必须明确，既要避免职权的重叠和交叉，也要避免无人承担造成工作上的疏漏。此外，由于还处于创业过程中，面临的创业环境又是动态复杂的，不断会出现新的问题，团队成员可能不断出现更换，因此创业团队成员的职权也应根据需要不断调整。

5. 构建创业团队制度体系

创业团队制度体系体现了创业团队对成员的控制和激励能力，主要包括了团队的各种约束制度和各种激励制度。一方面，创业团队通过各种约束制度（主要包括纪律条例、组织条例、财务条例、保密条例等）指导其成员避免做出不利于团队发展的行为，实现对其的行为进行有效的约束、保证团队的稳定秩序。另一方面，创业团队要实现高效运作需要有效的激励机制，主要包括利益分配方案、奖惩制度、考核标准、激励措施等，这样才能使团队成员看到随着创业目标的实现，其自身利益将会得到怎样的改变，从而达到充分调动成员的积极性、最大限度发挥团队成员作用的目的。要实现有效的激励首先就必须把成员的收益模式界定清楚，尤其是关于股权、奖惩等与团队成员利益密切相关的事宜。需要注意的是，创业团队的制度体系应以规范化的书面形式确定下来，以免带来不必要的麻烦。

6. 团队的调整融合

完美组合的创业团队并非创业一开始就能建立起来的，很多时候在企业创立一定时间以后随着企业的发展逐步形成的。随着团队的运作，团队组建时在人员匹配、制度设计、职权划分等方面的不合理之处会逐渐暴露出来，这时就需要对团队进行调整融合。由于问题的暴露需要一个过程，因此团队调整融合也应是一个动态持续的过程。在完成了前面的工作步骤之后，团队调整融合工作专门针对运行中出现的问题，不断地对前面的步骤进行调整直至满足实践需要为止。在进行团队调整融合的过程中最为重要的是要保证团队成员间经常积极有效地沟通与协调，培养强化团队精神，提升团队士气。

四、创业团队运行与管理

创业团队的良好运作离不开良好的创业团队管理。就创业团队而言，有合作就避免不了会有冲突。创业团队的冲突主要有认知冲突和情感冲突两种。认知冲突是指团队成员对有关企业生产经营过程中出现的与问题相关的意见、观点和看法所形成的不一致性。一般而言，认知冲突对事不对人，一个有效的团队，在生产经营管理过程中存在分歧是一种正常现象，且这种认知冲突的结果将有助于提高团队决策质量和提高组织绩效，对形成高质量的方案起着关键性的作用。对于创业团队而言更是如此，只有不断地创造和引导认知性冲突，在思想的碰撞中产生智慧的火花，新企业才能在创新中不断发展和壮大。与此相反，情感冲突则容易在团队成员之间挑起敌对、不信任、冷嘲热讽、冷漠等表现，而情感上的抵触，会极大地降低团队的有效性，降低工作的效率。对团队的绩效而言，冲突可能是有益的，也可能是有害的，关键看该冲突是认知冲突还是情感冲突。核心创业者在管理创业团队的冲突时，应采取积极措施，杜绝或减少情感冲突，引导和创造认知性冲突，保持创业团队良好的合作和不断的创新动力。

核心创业者的领导才能对创业团队的管理起着至关重要的作用。核心创业者激发创业团队的热情和创造力，维系团队的稳定，同时，优秀的核心创业者善于领导创业团队根据独特的创业理念来发展愿景，并引领团队凝聚力与合作精神，不断追求、不断朝着愿景出发。创业团队应树立核心创业者的核心意识，管理好核心创业者所具有的核心作用和团队凝聚作用，使整个团队团结在一起，合作无间。由于投射效应的存在，团队的核心领导者倾向于把自己拥有的特质推广到全体成员，这对创业团队核心文化和价值观的形成有着至关重要的作用，甚至可能在未来的时间里成为决定组织生死存亡的关键。

管理好创业团队需要协调核心成员所有权分配机制，在确定所有权分配时，需要重视契约精神，遵守贡献决定权利原则分配所有权比例，控制权与决策权相统一。同时需要管理好团队内部的冲突，核心创业者应注意利用激励手段来鼓励正面冲突，让团队成员感受到通过知识分享实现创业成功后，能够获得相应的收益和价值。

一个有效的创业团队拥有独立的个体，是成员具有更高的工作效率，对个体具有其特殊的吸引力，能够不断吸引新的优秀成员加入，团队成员之间拥有很高的信任度。创业团队有如一个有机的生命体，有生命的开始，自然也会有生命的结束。创业团队的发展大致会经历五个阶段：成立期、磨合期、稳定期、高效期、衰退期。在创业团队创立初期，团队成员之间不是很熟悉，可以定期组织全体成员之间的交流会，让彼此相互了解。在磨合期间，较易出现认知性和少量的情感性冲突，团队领导要在团队中快速树立起自己的威信以排解冲突，如遇事情需及时沟通和反馈，尽量让成员与领导在同一个步调上。稳定期则容易在稳定中丧失创新的动力，此时需要的是稳中求进。当团队发展到一定的成熟度，团队成员之间就能够积极地、有创造性地工作，此时团队领导者应注意引导团队的发展，让团队价值和成员个人的价值完美结合。衰退期应更加注重团队利益的协调。

在整个创业的过程中，创业者、创业机会是决定性因素，而创业机会需要创业者来发现，可见，创业者在这两者中处于更加重要的地位。创业者以创业团队的形式存在，一个善于管理内部冲突、善于利用认知性冲突的创业团队，必然能在同等创业资源的条件下胜人一筹。

案例

高铁青年团队获评"青春担当好团队"：捍卫高铁质量安全，践行"工匠精神"

中车青岛四方机车车辆股份有限公司总装分厂EMU调试1工段（以下简称调试1工段），负责人孙全，现有员工76名，其中高技能人员15人，公司核心技能人才1人，高级工人数占比90%以上，其中持有双技能人员已达到总人数的80%以上，人员平均年龄28.5岁，是一支技能高、工作质量精、年轻化的高素质青年队伍。该团队紧紧围绕公司的生产经营，强化青年队伍素质提升，把握重点，拼搏奋进，圆满完成各项生产任务，有力推动高铁事业快速发展。

EMU调试1工段全体员工凝心聚力、攻坚克难，深挖潜能，坚持质量优先、提质增效、科学管理。完成了涵盖复兴号、380公里高速动车组、广深城际、湖南城际、河南城际等新车型以及各车型的高级修、专项修和新造公务车的调试任务，累计超过1200列。着重从"质量、创新、人才培养"三个方面推进"精细化"管理理念，累计提报精益提案82条，完成QC攻关课题13个，申报《高速动车组头车电气车钩连接器测试工装》被评为2018年全国铁路青年科技创新奖，大力助推调试项目实现季度、年度产能历史突破。针对本阶段车型多、数量大的特点，组织团队编写调试员工应知应会手册、标准化施工作业指导书、调试工具工装设备原理及使用方法说明书等材料70余份，典型故障分析7万余字。推进新员工综合素质能力提升，制定了"老带新、传帮带"的细化措施提高工作效率，采取理论实践相结合的方式进行"一对一辅导，一对一检查"。针对项目编制了《单元负责人培训制度》《新入职员工培训制度》《量化育成机制》等制度。与技术部门联合对数字化技术进行连续三个月的验证考核，根据现车出现的实际问题和困难，提出诸多改进建议，为数字化技术的应用奠定了一定基础。

立足本职，业绩突出

团队全体员工在岗期间恪尽职业操守，主动克服困难，实现白、夜班 24 小时无缝对接，顺利度过了阶段性困难，保证所有调试项目高质量高标准完成，用实际行动践行"工匠精神"。

秉承精益求精的品质理念，在工作中敢"钻"、能"精"、善于攻坚克难，编制出了《E32B 工装、工具、仪器汇总表》，汇总编制了《时速 350 公里标准动车组（E32B）调试工序开工前学习整备手册》，分类汇总整理出 345 项异常问题；编写出《E32B 标准化作业流程》，完善了《时速 350 公里标准动车组（E32B）调试工序开工前学习整备手册》，汇编了《调试标准化施工指导书》、《调试标准化施工指导书》，针对刚投产的标准动车组（E32B）和城际动车组（CRH6A/CRH6F）编纂《调试标准化施工指导书》。同时，提出的异常问题统计分析和统计规范化也极大程度地对公司产品质量品控制与提升做出了预见性的分析和引领性的指导。

凝心聚力，打造精品

团队员工积极响应"人人保质量，全员促生产"的号召，编制了涵盖 33 项调试过程中影像化节点的《调试班组影像化管理规定》，保证调试施工质量的可追溯性与可靠性。在人员培养方面，EMU 调试 1 工段组织"两部三级"培训打造了一批技术能力强，操作水平高，精于调试生产和故障分析处理的综合型高技能人才队伍。

团队采取"以老带新""众思众谋"的工作方式。充分利用项目制定的培训计划平台，借助骨干员工培训后知识体系系统性强、知识面广的特点，利用工作休息时间进行"老带新"传输操作技能，实现理论实践快速融合，促进了技术经验在全工段范围内的传播，形成了"人人参与、人人尽力、人人共享"的工作氛围，使团结学习，团结工作的观念深入人心。在日常工作中充分调动全体员工的积极性，以集体的力量攻克一道道技术难关。

在平时工作中认真做好团队员工思想引领，鼓励员工围绕中心，服务大局，无私忘我，以公为本，以工作为中心，将个人成长与企业发展有机结合在一起，为公司发展努力，为中国高铁发展努力。为员工注入"强心剂"，大大提高了员工的工作积极性，组织带领团队员工立足岗位，建功立业，在脚踏实地、开拓进取中创造一流业绩，在创新创造、苦干实干中实现人生价值。

锐意进取，勇于创新

调试 1 工段以质量、效率和效益为导向，根据"统一领导，总体策划，系统推进，稳步实施，持续改善"的基本原则，率先提出手机 APP 供电设想，将复杂的供电流程统一平台网络化，形成完整闭环，并协助编制《调试项目 APP 供电管理流程》，于 2017 年正式投入使用。与此同时，结合静态试验，设计了"USB 接口电流电压检测工装""通用试验仪器故障检测工装"等新设备，得到了技术工程部的通过和采纳。在实践中运用改善生产的工具、方法，将精益改善理念融入日常工作中，不断提升试验效率、节约成本，至 2018 年底，班组标准物耗降低 1.5％以上；通过改善提案活动，节约可计算经济成本约 11.7 万元，为公司提质增效工作做出突出贡献。

调试一工段将不忘初心、砥砺前行，始终以迎难而上的担当、干事创业的激情和脚踏实地的作为，为推动中国高铁和山东高质量发展贡献力量。

（摘自闪点新闻百家号网：https：// baijiahao. baidu. com/s？id＝163186 113508 1097682＆wfr＝spider＆for＝pc）

▶ 项目小结

创业团队是为进行创业而形成的集体。它使各成员（包括创业搭档团队成员）联合起来，在行为上形成彼此影响的交互作用、在心理上意识到其他成员的存在及彼此相互归属的感受和工作精神。这种集体不同于一般意义上的社会团体，它存在于企业之中，因创业的关系而连接起来却又超乎个人、领导和组织之外。它的范围比创业搭档团队要大一些。优秀创业团队具有的基本因素有：一个胜任的团队带头人；彼此十分熟悉，能够相互很好地配合的团队成员；创业所必需的足够的相关技能。

创业过程是创业者（包括创业搭档团队、创业团队）在创建企业时通常要经历的基本步骤。在创业过程中所涉及的知识与技能，与一般的管理职能并不完全相同。创业者和创业搭档必须能够发现、评估新的市场机会，并进一步将其发展为一个新创企业，在这一过程中确实有着许多对现存企业进行管理时所未予重视或不那么重要的知识与技能。

复习思考题

1. 你可否列举并比较一些创业者创业的不同动机？

2. 应该如何提高创新创业意识？

3. 如何理解创业团队可以实现"1＋1＞2"的合作效能？

4. 创业团队组建成功后该如何分工，才能让团队发挥出最大的能量？

讨论性问题

1. 创业者是天生的吗？

2. 通过本项目的学习，你认为自己可以成为一名创业者吗，为什么？

3. 创业团队股权设计需要注意什么？

实践性问题

1. 谈谈自己想组建一个什么样的创业团队。

2. 确定方向后，向其他创业团队展示自己团队的创业想法。

3. 走访身边 1～2 家创业企业，分析以下问题：企业的想法来源于何处？创业者是如何评价目前的创业机会的？

项目二 如何找到合适的创业项目

学习 目标

- 了解寻找商业创意的有效途径。
- 掌握验证创业项目的方式方法。
- 掌握评估市场的方法。
- 掌握市场调查和市场预测的方法。

项目 导读

对创业者而言，找到一个好的商业项目是成功创业的第一步，也是至关重要的一步，它不仅可以帮助创业者找到进入市场的大门，同时对于企业未来发展、扩大市场份额具有重要意义。本项目就创业者寻找和挖掘创业项目的途径进行重点介绍，同时就验证创业项目以及市场调查的具体流程和方法进行梳理。

▶ 任务一 挖掘商业创意

一、从创意到商业创意

一个好的创业项目可能是从一个创意开始的。日本松下电器的创始人松下幸之助曾说："今后的世界，并不是以武力统治，而是以创意支配。"创意已经成为创业者满足消费者需求、适应市场变化、挖掘商业项目、寻求企业竞争优势的重要来源。

1. 什么是商业创意

商业创意首先是一个创意。所谓创意，是指对现实存在事物的理解以及认知所衍生出的一种新的抽象思维和行为潜能。从创业的角度来看，创意既可以是对已有创业项目的一种创造性的思维，也可以是对未知创业领域的一个创新性想法。

商业创意是可以实现商业价值的创意，它既要具有创意中的创新思维和创新想法，同时又要具备商业价值的特征。简单来说，商业创意是一个能够满足市场需求，兼具实用性、创新性、稳定性、持续性、可操作性的特征，并能够为消费者和创业者创造价值的想法。比如一个普通的水杯，既可以将其外观变成卡通人物的造型来满足儿童的需求，也可以采用保温材质制作来满足老年人的需求，这些都可以称之为商业创意。

2. 创意≠商业创意

创意既可以是一个脚踏实地的点子，也可以是一个天马行空的想法。而商业创意不仅是一个想法，更需要通过这个想法，衍生出新产品、新技术、新服务，或者发展新市场、新需求、新机会。如果说创意是从无到有、从旧到新的过程，那么商业创意就是在产生"有"和"新"的过程中寻找创业机会并最终将其孵化为企业的过程。因此，商业创意是从创意中产生，而创意不一定都能够成为商业创意。比如将水杯和黑板擦相结合可以产生一个新产品，这是一个创意。但这个新产品无法符合消费者对水杯卫生的要求，因此缺少消费市场，无法成为一个商业创意。

3. 创意与商业创意的联系

找到一个好的商业创意是创业者进行创业活动的重要一步，而商业创意则需要从创意中产生。在众多创意中，创业者需要进行仔细甄别和筛选，只有既符合市场需求，同时又能满足创业者能力和资源的创意才有可能转化成商业创意，进而孵化成为实体企业。

二、寻找商业创意的途径

对初创企业者而言，找到一个好的商业创意既是创业的第一步，同时也可能是创业最难的一步，如果创业者没有创业想法或者创业方向，不论后期投入多少创业资金和资源，都难以获得成功。因此，在创业之前，创业者应该通过一些行之有效的途径尽可能多地产生创意，为寻找和挖掘出可行的商业创意奠定基础。

1. 头脑风暴法

在创业者没有创业想法或方向时，头脑风暴法可以帮助团队成员快速打开思路，从众多企业想法中根据自身实际情况筛选出适合自己的创业商机。

（1）一般性头脑风暴法

创业者和创业团队可以从某个词语开始，在一张白纸上写下脑海中浮现出的所有想法，之后再从这些想法中筛选出可行的创业项目。比如，创业者小锦和其创业团队从"奶茶"一词开始，与之有关联的词语有"甜品""咖啡""配送""加盟店""外卖"等，这些关联词对小锦和团队而言，都有可能成为她们未来创业的项目。

（2）结构性头脑风暴法

创业者和创业团队以某个特定的产品为基础，按照制造线、销售线、服务线、副产品线四个方向，尽可能罗列与之相关的企业。这个特定的产品应该是创业团队熟悉的或者想要做的，而不应该是随机的。比如，小锦和创业团队想从"鱼"身上寻找创业项目，因此，她们按照制造线、销售线、服务线、副产品线的分类尽可能罗列出了与"鱼"有关的企业，然后再选择与自己的资源比较匹配的项目开始进行自己的市场论证，具体如表3-1所示。

表3-1　结构性头脑风暴法

特定产品	企业类别	企业
鱼	制造线	渔场、渔具、鱼缸、渔船等
	销售线	鱼苗、观赏鱼、食用鱼、鱼罐头等
	服务线	鱼药、运输、鱼加工、包装等
	副产品线	鱼油、鱼骨、鱼标本、渔网等

2. 科研成果转化法

在高校中有很多学术研究、科研项目等，创业者可以积极联系高校教师，利用实验室资源，通过对高校科研成果的转化，寻找和挖掘创业项目。

3. 成功案例分析法

创业者可以通过调查、了解和研究成功企业的案例，梳理创业成功的经验，再结合自身实际情况，寻找和产生创意与商业创意。

4. 创业环境调查法

创业者可以消费者需求、市场发展环境、亟须解决的问题等为导向，对创业环境进行深入了解和调查，从中寻找和产生创业想法。在调查之前，创业者可以提前设计一张"创业环境调查表"（见表3-2），对创业环境进行调查和分析。

表3-2　创业环境调查表

调查方向	调查内容
创业企业	1. 已有企业类别及数量。 2. 当地企业经营情况。 3. 产品服务类型及销售模式。
创业资源	1. 该地区是否有政策扶持。 2. 当地有哪些特产，比如农产品、手工艺品等。 3. 消费人群主要组成，消费需求种类。
存在问题	1. 你自己需要解决的问题。 2. 工作中需要解决的问题。 3. 其他人需要解决的问题。 4. 当地需要解决的问题。

5. 互联网信息收集法

随着互联网的普及，我们可以通过互联网搜集到各种创业信息，创业者可以通过对这些海量的互联网信息进行分类和梳理，从中找到适合自己的创业项目。

（1）搜集企业需求信息

创业者可以在互联网平台上搜集关于企业的需求信息，比如企业对原材料、工艺、员工、特定产品的需求，从而思考自己能否创办一个企业来满足这些企业的需求。

（2）搜集顾客需求信息

在互联网上，你既可以搜索到各种商品的销售信息，也可以搜索到消费者的庞大的需求信息，创业者不仅可以通过互联网平台快速收集到这些信息，同时还可以借助互联网平台对这些信息进行匹配，为自己创办企业提供思路、方向和销售渠道。

（3）挖掘和判断创业项目

作为创业者，不仅要懂得运用互联网搜集信息，同时也要懂得将互联网和自己的创业想法结合起来，并通过互联网信息来修改和完善自己的创业项目。比如，小锦和创业团队想要开办一家奶茶店，因此小锦和创业团队可以通过互联网收集顾客对于奶茶口味的需求信息，同时还可以收集开办一家奶茶店所需设施设备、原材料供应渠道等相关信息。

案例

创新是我前进的最大乐趣——记兰州轨道公司"发明家"孙志强

从事轨道交通行业近二十年，从最普通的技术人员到管理岗位，孙志强一直热衷于技术发明，技术革新。无论在国铁行业、还是地铁行业，他总说："荣誉都是过往事，创新是我向前迈进的最大乐趣。"他就是甘肃省"互助保障杯"职工发明之星获得者——兰州市轨道交通有限公司运营分公司副总经理孙志强。

与其繁忙低效　不如做些尝试

"我所有技术发明的灵感，起源于我的一辆二手汽车。"当说起发明创新的历程，孙志强总会念叨起当初在国铁偏远地区小站的一段往事。2005 年，孙志强在原兰州铁路局一个偏远的编组站工作，因为需要代步，他用为数不多的工资购置了一辆二手奥拓汽车。在一段时间的人车磨合后，他感觉这台汽车很多的部件、系统都可以优化。为此，他整理出一套如何能改进这台汽车的方案，而正是这套永远不会付诸实际的改进方案，开启了他发明创新的大门。

参加工作头几年，他看到值班员工作存在大量的繁复流程，一班数千个调度指令让整个班组精神高度紧张。为此，他利用技术管理工作平台，大胆改进工作流程，提升计算机运用水平，极大地优化了编组站运输作业效率，并积极进行技术改造。发挥对信息系统数据库熟悉的优势，开发补丁程序，实现全国铁路系统第一个完成编组站信息管理系统升级的编组站。同时，他利用在国铁迎水桥车站工作的平台，研发各类系统9项，其间取得发明专利1项，实用新型专利2项。其中，防错系统在调度集中控制系统中采用，解决了困扰铁路多年的错排进路问题。发明的"移动式减速顶工况检测车"和"提钩摘管器"已在全国铁路系统中15个车站使用，填补了国内空白。这些开发的系统在运输生产中发挥了较好的作用，连续7年实现安全生产零事故。

（摘自搜狐网：https：//www.sohu.com/a/463629347_120801）

▶ 任务二 比选商业创意

通过以上途径，创业者已经能够找到很多创意，但并不是每一个创意都适合进行孵化，创业者需要对已经产生的创意再次进行筛选，从中挑选出可行的商业创意。在对创意进行评估的过程中，创业者需要时刻围绕企业销售的是什么产品或提供怎样的服务、企业的目标人群是谁、企业的销售模式是什么、企业能够满足顾客哪些消费需求、竞争对手是谁、创业所需资源和技术如何获取等问题进行分析，最终寻找出可行性强、市场前景好、发展潜力大的商业创意。

一、评估所需创业资源

创意转化为商业创意，不仅需要有市场需求，同时还需要创业者具有资金、技术、团队、政策等大量创业资源的支持。在对一个商业创意进行评估时，创业者不仅需要明确该项商业创意所需的创业资源有哪些，同时还应该清楚获取相关创业资源的有效途径。为此，创业者可以根据表3-3对创业项目所需资源、获取途径及注意事项等内容进行梳理。

表 3-3　创业资源一览表

类别	主要获取途径	注意事项
资金	1. 团队出资 2. 风险投资 3. 银行贷款 4. 政策性贷款	1. 团队出资及引入风险投资时要注意公司的股权分配。 2. 银行贷款为负债融资，贷款需要有质押物，且银行不占有公司股权。 3. 要对启动资金进行预算。
场地	1. 个人住宅 2. 租赁	选择场地时需要考虑交通、人流量、房租等因素。

续表

类别	主要获取途径	注意事项
技术	1. 自主研发 2. 参观学习 3. 引进或购买	1. 创业者需要了解该项目所需技术原理、技术标准等是否已经具备。 2. 自主研发时需要有足够的技术人员或技术团队，并注意知识产权保护。
原材料	供应商	1. 对供应商的资质应该提前进行考察。 2. 最好联系两家或以上供应商。 3. 合作前要签订协议，对供应价格、原材料品质、时间等进行约定。 4. 可通过网络、朋友介绍等方式寻找供应商。
设备	供应商	1. 提前了解创办企业所需设施设备。 2. 可通过引入或购买方式，获得整套生产设备。
员工	招聘	1. 提前了解企业需要设置哪些岗位及岗位职责，做到"因事设岗""以岗定人"。 2. 企业要有员工管理、奖惩等相关制度。
政策	当地政府	各地对大学生创业均有扶持政策，可登录政府部门官网查询。

拓展学习

大学生创业扶持政策

为支持大学生创业，国家和各级政府出台了许多优惠政策，涉及融资、开业、税收、创业培训、创业指导等诸多方面。

第一，大学毕业生在毕业后两年内自主创业，到创业实体所在地的工商部门办理营业执照，注册资金(本)在 50 万元以下的，允许分期到位，首期到位资金不低于注册资本的 10%(出资额不低于 3 万元)，1 年内实缴注册资本追加到 50% 以上，余款可在 3 年内分期到位。

第二，大学毕业生新办咨询业、信息业、技术服务业的企业或经营单位，经税务部门批准，免征企业所得税两年；新办从事交通运输、邮电通信的企业或经营单位，经税务部门批准，第一年免征企业所得税，第二年减半征收企业所得税；新办从事公用事业、商业、物资业、对外贸易业、旅游业、物流业、仓储业、居民服务业、饮食业、教育文化事业、卫生事业的企业或经营单位，经税务部门批准，免征企业所得税一年。

第三，各国有商业银行、股份制银行、城市商业银行和有条件的城市信用社要为自主创业的毕业生提供小额贷款，并简化程序，提供开户和结算便利，贷款额度在 2 万元左右。贷款期限最长为两年，到期确定需延长的，可申请延期一次。贷款利息按照中国人民银行公布的贷款利率确定，担保最高限额为担保基金的 5 倍，期限与贷款期限相同。

第四，政府人事行政部门所属的人才中介服务机构，免费为自主创业毕业生保管人事档案(包括代办社保、职称、档案工资等有关手续)2 年；提供免费查询人才、劳动力供求信息，免费发布招聘广告等服务；适当减免参加人才集市或人才劳务交流活动收费；优惠为创办企业的员工提供一次培训、测评服务。

对创业者而言，创业项目已经具备各项创业资源或已经找到获取途径，则可以开展下一步的市场调查工作。若创业者和团队缺少创业项目的必备资源，且无法找到获取资源的有效途径，则说明创业项目暂时不适合创业者和团队，需要对创业想法进行调整和修改。

二、SWOT 分析法

所谓 SWOT 分析法，即基于内外部竞争环境和竞争条件下的态势分析，通过对创业项目进行全面、系统地分析，将与创业项目密切相关的各种优势、劣势、机会和威胁逐一进行罗列并按照矩阵形式排列，通过系统分析，为创业者更加全面和科学地完善创业项目、制订发展战略和未来规划等提供依据。

简而言之，SWOT 分析法就是将创业项目已有的优势、劣势、机会和威胁进行分析比较，通过建立 SWOT 矩阵，帮助创业者了解创业项目的优势以及可能存在的问题，并对创业项目进行验证。

1. SWOT 分析内容

(1)企业内部因素分析

优势(Strengths)：产品或服务具有强大竞争优势、企业地理位置好、产品技术含量高、原材料成本低等。

劣势(Weaknesses)：产品或服务成本较高、销售价格缺乏竞争力、无法提供良好的售后服务、产品研发能力弱等。

(2)企业外部因素分析

机会(Opportunities)：企业所进入的市场有新的机遇、竞争对手正在丧失竞争力、顾客需求发生变化、国家政策支持等。

威胁(Threats)：原材料价格上涨、出现强大的竞争对手、创业环境改变、当地经济环境改变等。

2. 构建 SWOT 矩阵

对创业者和团队而言，在利用 SWOT 分析法分析创业项目时，需要将创业项目自身存在的优势和劣势，可能存在的机会和威胁尽可能详细地罗列出来，如表 3-4，并根据分析内容，构建 SWOT 矩阵进行下一步分析。

表 3 - 4 　SWOT 矩阵

内部因素 ＼ 外部因素	优势(Strengths)	劣势(Weaknesses)
机会(Opportunities)	利用优势和机会	利用机会 减小劣势
威胁(Threats)	利用优势 减小威胁	减小劣势和威胁

3. SWOT 矩阵分析

优势和劣势是企业内部因素，创业者需要在充分发扬企业自身优势的同时尽可能减小企业劣势。比如企业生产的产品技术含量很高是企业优势，需要将其作为核心竞争力打造，但劣势是销售价格缺乏竞争力，企业就需要在保证自身产品技术含量的同时，通过技术研发、寻找可替代原材料等方式降低产品成本，最大程度减小自身劣势。

机会和威胁是企业外部因素，很大程度来自创业环境和政策变化，企业自身无法控制，但创业者可以充分把握市场机会，对于可能存在的威胁提前进行预估，并利用企业自身优势和市场机会尽可能减小和化解威胁。比如在旅游景区，游客对当地特产的购买需求旺盛，创业者可以利用市场机会，创办售卖特产的企业。但旅游淡季游客减少对企业而言是一个不可避免的威胁，因此，企业应该提前做好准备，通过开设网店、加大宣传力度、加快文化产品研发等举措，最大限度减小旅游淡季游客减少给企业造成的威胁。

SWOT 分析结束后，创业者应该对创业项目的可行性进行评估，当企业优势大于劣势、机会多于威胁时，说明创业项目可行性较强，此时企业可以采用增长型战略来快速扩展自己的市场份额。

当企业优势大于劣势、机会少于威胁时，说明创业者需要再次对创业环境进行评估，直至威胁降低或解除时，创业项目可行性才会提高。此时企业可以采用多种经营战略，通过多种经营方式回避威胁，增强自身其他方面的竞争优势。

当企业优势小于劣势、机会多于威胁时，说明创业者应该充分把握机会，利用企业优势尽可能减小劣势，以此来增强创业项目的可行性。此时企业应该考虑采取扭转型战略，在利用机会的同时，通过寻求合伙人、引入新技术等方式将自身企业劣势扭转为优势。

当企业优势小于劣势、机会少于威胁时，说明创业项目可行性很低，创业者既要减小企业内部劣势，又要对创业环境进行再次评估和观察，针对此类创业项目，创业者应该尽早放弃，重新寻找和评估新的创业项目。

三、蒂蒙斯机会评价法

哈佛大学教授蒂蒙斯提出的创业机会评价框架是最具代表性的创业机会评估方法，蒂蒙斯创业机会评价框架从行业与市场、经济因素、收获条件、竞争优势、管理团队、致命缺陷、个人标准、理想与现实的战略差异等方面分成53项指标对创业机会的可行性进行了全面评估。通过评估，创业者可以对创业机会所处市场存在的问题、自身竞争优势、团队管理、致命缺陷等进行深入分析，以此对创业机会是否具有创业价值进行评判。具体如表3-5所示。

表 3-5　蒂蒙斯机会评价表

评价项目	评价内容
行业与市场	1. 市场容易识别，可以带来持续收入。 2. 顾客可以接受产品或服务，愿意为此付费。 3. 产品的附加价值高。 4. 产品对市场的影响力强。 5. 将要开发的产品生命长久。 6. 项目所在的行业是新兴行业，竞争小。
行业与市场	7. 市场规模大，销售潜力达到 1000 万到 10 亿。 8. 市场成长率在 30%～50% 甚至更高。 9. 现有厂商的生产能力几乎完全饱和。 10. 在 5 年内能占据市场的领导地位的概率超过 20%。 11. 拥有低成本的供货商、具有成本优势。
经济因素	12. 达到盈亏平衡点所需要的时间在 1.5～2 年以下。 13. 盈亏平衡点不会逐渐提高。 14. 投资回报率在 25% 以上。 15. 项目对资金的要求不是很高，能够获得融资。 16. 销售额的年增长率高于 15%。 17. 有良好的现金流量，能占到销售额的 20%～30% 以上。 18. 能获得持久的毛利，毛利率要超过 40%。 19. 能够获得持久的税后利润，税后利润要超过 10%。 20. 资产集中程度低。 21. 运营资金不多，需求量是逐渐增加的。 22. 研究开发工作对资金的要求不高。
收获条件	23. 项目带来的附加价值具有较高的战略意义。 24. 存在现有的或可预见的退出方式。 25. 资本市场环境有利，可以实现资本的流动。

续表

评价项目	评价内容
竞争优势	26. 固定成本和可变成本低。 27. 对成本、价格和销售的控制较强。 28. 已经获得或可以获得对专利所有权的保护。 29. 竞争对手尚未觉醒，竞争较弱。 30. 拥有专利或具有某种独占性。 31. 拥有发展良好的网络关系，容易获得合同。 32. 拥有杰出的关键人员和管理团队。
管理团队	33. 创业者团队是一个优秀管理者的组合。 34. 行业和技术经验达到了本行业内的最高水平。 35. 管理团队的正直廉洁程度能达到高水准。 36. 管理团队知道自己缺乏哪方面的知识。
致命缺陷	37. 不存在任何致命缺陷。
创业者的个人标准	38. 个人目标与创业活动相符合。 39. 创业者可以在有限的风险下实现成功。 40. 创业者能接受薪水减少等损失。 41. 创业者渴望进行创业这种生活方式，而不是为了赚大钱。 42. 创业者可以承受适当的风险。 43. 创业者在压力下状态依然良好。
理想与现实的战略差异	44. 理想与现实情况相吻合。 45. 管理团队已经是最好的。 46. 在客户服务管理方面有很好的服务理念。 47. 所创办的事业顺应时代潮流。 48. 所采取的技术具有突破性，不存在许多替代品或竞争对手。 49. 具备灵活的适应能力，能快速地进行取舍。 50. 始终在寻找新的机会。 51. 定价与市场领先者几乎持平。 52. 能够获得销售渠道，或已经拥有现成的网络。 53. 能够允许失败。

　　创业者在使用蒂蒙斯机会评价表对创业机会进行评估时，对于上述的所有问题可以用"是"和"否"进行判断，之后根据"是"和"否"的数量对比，对创业机会的可行性进行评估，"是"的数量越多，则说明创业机会可行性越高，创业机会价值越大，反之，则说明创业机会可行性不高，创业机会价值较小。在评估"致命缺陷"部分时，

如果创业机会存在致命缺陷，如政策限制、缺少必要技术、缺乏必需创业资源等，则该创业机会暂时不存在任何可行性，必须一票否决。

四、贝蒂选择因素法

贝蒂选择因素法如表3-6所示。创业者可以运用贝蒂选择因素法设定的11个因素对自身创业机会进行判断，创业机会符合的因素越多，说明创业机会可行性越大，反之，创业机会可行性则越小。一般来说，一个可行性高的创业机会应该符合其中7个及以上因素。

表3-6 贝蒂选择因素法

序号	因素	满足情况
1	这个创业机会在现阶段是否只有创业者本人发现	是或否
2	产品初始生产成本创业者是否可以承受	是或否
3	创业机会市场初始开发成本能否接受	是或否
4	新企业的产品是否具有高利润回报的潜力	是或否
5	是否可以预测产品投放市场和达到盈亏平衡点的时间	是或否
6	创业机会潜在的市场是否巨大	是或否
7	创业者的产品是否是一个快速成长的产品系列中的第一个产品	是或否
8	创业者是否拥有一些现成的初始客户	是或否
9	创业者是否可预测产品的开发成本和开发周期	是或否
10	新企业是否是一个处于成长中的行业	是或否
11	金融界是否能够理解企业的产品和消费者对它的需求	是或否
合计	是 个，否 个	

▶ 任务三 市场评估

通过对商业创意进行验证，创业者和团队可以从众多创意中筛选出可行性强的商业创意。接下来，创业者需要对市场进行评估，包括对市场进行细分、对消费者需求和竞争对手情况进行调查，并对创业项目的可行性再次进行梳理和完善。

一、宏观环境分析

在市场分析中，应该首先对宏观环境进行分析，了解大环境为创业者提供了什么机遇和带来了什么挑战，对创业项目有什么影响，团队应该如何应对。这里介绍的工具是 PEST 分析法。

PEST 分析法是帮助企业检阅其外部宏观环境的一种方法。宏观环境又称一般环境，是指影响一切行业和企业的各种宏观力量。对宏观环境因素做分析，不同行业和企业根据自身特点和经营需要，分析的具体内容会有差异，但一般都应对政治（Political）、经济（Economic）、社会（Social）和技术（Technological）这四大类影响企业的主要外部环境因素进行分析。

(一)政治法律环境

政治法律环境指对组织经营活动具有实际与潜在影响的政治力量和有关的法律、法规等因素，包括政治体制、政府稳定性、产业政策、相关法律法规、外交关系等。

创业所从事的方向应符合国家政策的走向。没有这个前提，所有的狂热都是在制造泡沫。很多时候某些行业忽然大热，都和国家政策引导有关，不看国家政策导向去做长期投资是最大的风险。

国家大政方针与政策的调整为创业机会提供了基础。政府政策与法规的变化，也会为创业者创建差异化的企业提供支撑。那些依赖政府的支持性规定而存在的企业，在政策与法规发生变化后就会受到威胁，如烟草行业和高档酒店、高档餐饮行业。当然，政治变革还会带来很多创业机会。例如，全球政治不稳定与恐怖主义的威胁，导致许多企业变得更有安全意识，于是数据备份行业得到扩张和快速发展。

对企业战略有重要意义的政治和法律变量包括：

· 经济体制；

· 政府的管制；

· 税法的改变；

· 环境保护政策；

· 产业政策；

· 投资政策；

· 政府补贴水平；

· 反垄断法规；

· 与重要大国关系；

· 地区关系；

· 企业与政府之间的关系；

· 外交关系；

· 劳动保护法的改变；

· 专利法的改变；

· 政府财政支出；

· 政府其他法规等。

拓展学习

"双创"教育

2015年5月13日，国务院办公厅印发《关于深化高等学校创新创业教育改革的实施意见》，全面部署深化高校创新创业教育改革工作。2018年9月10日，习近平总书记出席全国教育大会并发表重要讲话，指出要把创新创业教育贯穿人才培养全过程。

为支持大学生创业，国家和各级政府出台了许多优惠政策，涉及融资、开业、税收、创业培训、创业指导等诸多方面。比如大学毕业生在毕业后5年内自主创业，到创业实体所在地的工商部门办理营业执照，允许零资本办理营业执照；各国有商业银行、股份制银行、城市商业银行和有条件的城市信用社要为自主创业的毕业生提供小额贷款，并简化程序，提供开户和结算便利，贷款额度在2万元左右；鼓励创业风险投资优先投资大学生创业，国家对投资大学生创业的天使投资将给予更多税收优惠等。

（摘自新华网：http://www.xinhuanet.com/politics/2015－09/11/c－1116527245.htm）

（二）经济环境

经济环境指一个国家的经济制度、经济结构、产业布局、资源状况、经济发展水平及未来的经济走势。从宏观的角度指一个国家的人口数量及其增长趋势，国内收入、国民生产总值及其变化情况；从微观的角度指企业所在地区或所服务地区的消费者的收入水平、消费偏好、储蓄情况、就业程度等因素。这些因素直接决定着企业目前及未来的市场大小。

对于经济趋势的理解和观察，有助于确定创业机会的适宜领域或回避领域。企业应该重视的经济变量包括：

· GDP及其增长率；

· 贷款的可得性；

· 可支配收入水平；

· 居民消费（储蓄）倾向；

· 利率；

· 通货膨胀率；

· 规模经济；

· 政府预算赤字；

· 消费模式；

· 失业趋势；

· 劳动生产率水平；

· 汇率；

· 证券市场状况；

· 进出口因素；

· 不同地区和消费群体间的收入差别；

· 价格波动；

· 货币与财政政策。

(三)社会文化环境

社会文化环境包括一个国家或地区的居民文化程度和文化水平、宗教信仰、风俗习惯、审美观点、价值观念等。文化水平会影响居民的需求层次；宗教信仰和风俗习惯会抵制或禁止某些活动的进行；价值观念会影响居民对组织目标、组织活动以及组织存在本身的认可与否；审美观点则会影响人们对组织活动内容、活动方式以及活动成果的态度。社会文化因素对企业战略的制定有重大的影响。

社会趋势的发展会对大多数创业机会形成非常大的影响。因为，所有产品或服务存在的目的，主要都是满足社会需求而不仅仅是物质层面的需求。比如，随着人们对美的追求，让人变美的创意也得到较为广泛的人群的大力支持，为人们提供变美工具的美图公司由此得到快速发展。人们对于环保和健康的关注、二胎政策的全面放开、全球化等社会趋势，都会带来相当多的创业机会。只要用心观察，善于分析发展变化趋势，就能够从若干创意中找到适合创业者开发的机会。

创业者应该重视的关键社会因素如下：

· 妇女生育率；

· 人口结构比例；

· 性别比例；

· 结婚数、离婚数；

· 社会保障计划；

· 人口预期寿命；

· 人均收入；

· 生活方式；

· 对工作的态度；

· 购买习惯；

· 对道德的关切；

· 储蓄倾向；

· 投资倾向；

· 平均教育状况；

· 对质量的态度；

· 对闲暇的态度；

· 对服务的态度；

· 对能源的节约；

· 社会活动项目；

· 社会责任；

· 对职业的态度；

· 对权威的态度；

· 城市、城镇和农村的人口变化；

· 宗教信仰状况。

(四)技术环境

技术环境是要考察与企业所处领域的活动直接相关的新技术、新工艺、新材料的出现和变化趋势以及应用前景。同时还应该了解国家对科技开发的投资和支持重点，该领域技术发展动态和研究开发费用总额，技术转移和技术商品化速度，专利及其保护情况，等等。

科技趋势常常与社会、经济趋势等相结合，共同创造创业机会。对于科技趋势的预测和利用，可以用来满足人们日益提高的生活品质需求。并且随着科技的发展，技术变化可以使原来很多难以实施的项目变为现实，为创业者带来更多契机。创业者应善于发现这种变化，充分利用科技趋势。

创业者应该重点考察的技术环境因素有：

· 科技水平及发展趋势；

· 科研能力；

· 科技政策和机制；

· 专利及其保护情况；

· 产品生命周期等。

拓展学习

当前科技发展现状及未来趋势

随着科学技术的发展，越来越多的科技成果融入创业领域，为人们的学习、工作、生活等各方面带来了便利。其中，信息技术、基因技术、空间技术、海洋开发、新材料和新能源技术的发展成为科技发展的主流趋势。大学生在创业过程中，如果能结合当前科学技术发展趋势，将新技术融入自身企业，不仅可以增强企业核心竞争力，同时也能在纷繁复杂的竞争环境中为自己建立起稳固的技术壁垒。

但对大学生而言，要想利用和融入新技术，就必须要考虑以下问题：

第一，自身创业团队是否可以掌握和利用新技术、新科技？

第二，是否拥有强大的技术团队和充足的研发经费？

第三，是否有较为清晰或明确的研发计划？是否有一定的阶段性成果？

第四，此项新技术或新科技的发展趋势是否符合社会发展需求？

第五，团队是否已经获得或者正在准备申请专利保护？

第六，此项新技术或新科技是否已经投放市场？消费者反馈如何？

二、行业现状分析

行业分析这部分应该对行业的发展状况、竞争力、营销策略等各个方面进行深入的分析，发现行业发展的潜在规律，从而预测行业未来发展趋势。只有对行业进行深入的分析，才能准确地把握行业的发展情况以及在生命周期中所在的位置，从而做出准确判断。

一般来说，行业分析的主要内容包括以下几方面。

（一）基本情况分析

这部分可以根据实际需要了解以下内容：

· 行业概况描述；

· 行业的历史发展情况；

· 行业发展的现状；

· 行业未来发展趋势；

· 行业整体的市场容量；

· 行业销售增长率及未来趋势预测；

· 行业的资金投入与产出比。

（二）一般特征分析

一般特征分析主要包括行业所处的市场类型分析、经济周期分析、行业竞争焦点、行业准入标准等。其中，研究行业的竞争重点和行业准入标准非常重要，只有清楚地把握这些，才能在设计产品和竞争策略时抓住重点、避免外行。

拓展 学习

市场类型

在行业的市场类型分析中，主要涉及完全竞争、垄断竞争、寡头垄断以及完全垄断四种类型。

完全竞争是一种很纯粹的市场结构，它完全不受外界的干扰，也是一种非常理想的竞争状态，目前，在现实社会中还不存在这样的市场结构。在这种竞争状态下，每个产品的买家都会面对多个卖家，买家不花费任何成本就可以在卖家之间移动。

垄断竞争和完全竞争之间非常接近，在这种竞争状态下，不仅存在大量的买家与卖家，人们也能自由地在市场间进入或退出。卖家之间所营销的产品也存在很大差别，不同的产品可以让不同的企业生产，也可以让一家企业同时生产多个有差别的产品。采用这种竞争模式，企业在短期内的利润较少，但是长期下来却能获得巨大利润。

寡头垄断指的是在一个市场中，不同的企业之间所销售的产品都是唯一的，并且没有过多的竞争对手存在，像石油、电网等都处于寡头垄断的状态下。这类产品的销售商非常少，企业都是以连锁的形式存在的。

完全垄断是一种在市场上没有任何竞争对手的垄断状态，也就是说由一家企业来掌控整个市场。这种垄断状态可以分为政府完全垄断、私人完全垄断两种。

（摘自百度知道：https：//zhidao.baidu.com/question/4880780 11195031612.html）

行业经济周期

行业的经济周期分析主要是针对增长型行业、周期型行业、防守型行业的经济周期分析。

在增长型行业的经济周期分析中，该行业的增长主要依靠的是技术、新产品开发以及更周到的服务。

周期型行业，直接受该行业经济周期的影响。

防守型行业受经济周期的影响比较小，因为它在产品需求上相对比较稳定。

（摘自MBA智库百科网：https：//www.asklib.com/view/d24334877118.html）

（三）行业结构分析

在行业结构分析中主要采用了两种理论：产业组织分析SCP理论以及波特五力模型分析。

1. 产业组织分析SCP理论

产业组织分析SCP理论构建了"市场结构（structure）—市场行为（conduct）—市场绩效（performance）"的分析框架。在SCP的框架中，突出了市场结构所具有的独特作用，把该结构作为市场行为以及绩效的关键因素。采用这种理论分析的主要目的就是判别行业中细分市场的一些变化情况，然后及时做出调整。

外部冲击，主要是指企业外部经济环境、政治、技术、文化变迁、消费习惯等因素的变化。常见的考虑因素有技术突破，政府政策/管理改变，国内、国际政治经济形势，消费者口味/生活方式的转变。

行业结构，主要是指外部各种环境的变化对企业所在行业可能的影响，包括行业竞争的变化、产品需求的变化、细分市场的变化、营销模型的变化等。常见的考虑因素有需求经济(替代产品可获得性、产品差异性、增长率、变更性/周期性等)、供给经济(生产商集中度、进口竞争、生产商差异性、固定/可变成本结构、产能运用、科技机遇、供给曲线、进入/退出壁垒)、产业链经济(供应商计价能力、顾客讨价能力、信息市场失败、纵向市场失败)等。

企业行为，主要是指企业针对外部的冲击和行业结构的变化有可能采取的应对措施，包括企业方面对相关业务单元的整合、业务的扩张与收缩、营运方式的转变、管理的变革等一系列变动。常见的考虑因素有营销(定价、批量、广告促销、新产品/研发、分销)、产能改变(扩张/收缩、进入/退出、收购/合并离)、纵向整合(前向/后向整合、纵向合资企业、长期合同)、内部效率(成本控制、物流、过程发展、组织效能)等。

经营绩效，主要是指在外部环境方面发生变化的情况下，企业在经营利润、产品成本、市场份额等方面的变化趋势。常见的考虑因素有财务(盈利性、价值创造)、科技发展、雇佣对象等。

2. 波特五力模型分析

波特五力模型分析是由美国著名管理学者迈克尔·波特提出的。他认为，一个行业中会存在五种竞争力，即潜在的竞争者、行业内的竞争对手、替代产品、购买者、供应商。五种力量模型将大量不同的因素汇集在一个简便的模型中，以此分析一个行业的基本竞争态势，并确定了竞争的五种主要来源，即供应商的讨价还价能力、购买者的讨价还价能力、潜在竞争者进入的威胁、替代品的威胁、行业内竞争者现在的竞争能力，如图3-1所示。

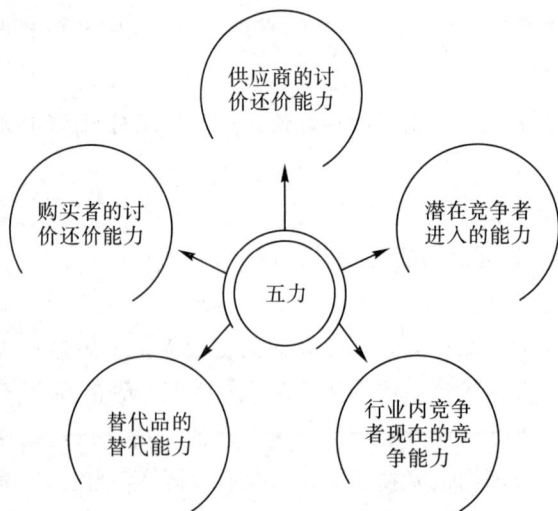

图3-1 波特五力模型

一种可靠且可行的行业分析首先应该包括确认并评价这五种力量，不同力量的特性和重要性因行业和公司的不同而变化。

(1)供应商的议价能力(suppliers bargaining power)

供方主要通过其提高投入要素价格与降低单位价值质量的能力，来影响行业中现有企业的盈利能力与产品竞争力。供方力量的强弱主要取决于他们所提供给买主的是什么投入要素，当供方所提供的投入要素的价值构成了买主产品总成本的较大比例、对买主产品生产过程非常重要或者严重影响买主产品的质量时，供方对于买主的潜在讨价还价力量就大大增强。一般来说，满足如下条件的供方集团会具有比较强大的讨价还价力量。

• 供方行业为一些具有比较稳固市场地位而不受市场激烈竞争困扰的企业所控制，其产品的买主很多，以至于每一单个买主都不可能成为供方的客户。

• 供方各企业的产品各具特色，以至于买主难以转换或转换成本高，或者很难找到可与供方企业产品相竞争的替代品。

• 供方能够方便地实行前向联合或一体化，而买主难以进行后向联合或一体化。

(2)购买者的议价能力(buyer bargaining power)

购买者主要通过其压价与要求提供较高的产品或服务质量的能力，来影响行业中现有企业的盈利能力。一般来说，满足如下条件的购买者可能具有较强的讨价还价力量。

• 购买者的总数较少，而每个购买者的购买量较大，占了卖方销售量的很大比例。

• 卖方行业由大量相对来说规模较小的企业所组成。

• 购买者所购买的基本上是一种标准化产品，同时向多个卖主购买产品在经济上也完全可行。

• 购买者有能力实现后向一体化，而卖主不可能进行前向一体化。

(3)新进入者的威胁(potential new entrants)

新进入者在给行业带来新生产能力、新资源的同时，希望在已被现有企业瓜分完毕的市场中赢得一席之地，这就必然会与现有企业发生原材料与市场份额的竞争，最终导致行业中现有企业盈利水平降低，严重的话还有可能危及这些企业的生存。竞争者进入威胁的严重程度取决于两方面的因素，即进入新领域的障碍大小与预期现有企业对于进入者的反应情况。

进入障碍主要包括规模经济、产品差异、资本需要、转换成本、销售渠道开拓、政府行为与政策(如国家综合平衡统一建设的石化企业)、不受规模支配的成本劣势(如商业秘密、产供销关系、学习与经验曲线效应等)、自然资源(如冶金业对矿产的拥有)、地理环境(如造船厂只能建在海滨城市)等方面，其中有些障碍是很难借助复制或仿造的方式来突破的。预期现有企业对进入者的反应情况，主要是采取报复行动的可能性大小，则取决于有关厂商的财力情况、报复记录、固定资产规模、行业增长速度等。总之，新企业进入一个行业的可能性大小，取决于进入者主观估计进入所能带来的潜在利益、所需花费的代价与所要承担的风险这三者的相对大小情况。

（4）替代品的威胁（threat of substitute product）

两个处于同行业或不同行业中的企业，可能会由于所生产的产品互为替代品，从而产生相互竞争行为，这种源自替代品的竞争会以各种形式影响行业中现有企业的竞争战略。第一，现有企业产品售价以及获利潜力的提高，将由于存在着能被用户方便接受的替代品而受到限制；第二，由于替代品生产者的侵入，使得现有企业必须提高产品质量或者通过降低成本来降低售价，或者使其产品具有特色，否则其销量与利润增长的目标就有可能受挫；第三，源自替代品生产者的竞争强度，受产品买主转换成本高低的影响。总之，替代品价格越低、质量越好、用户转换成本越低，其所能产生的竞争压力就越强；而这种来自替代品生产者的竞争压力的强度，可以具体通过考察替代品销售增长率、替代品厂家生产能力与盈利扩张情况来加以描述。

（5）行业内竞争者的竞争（the rivalry among competing sellers）

大部分行业中的企业，相互之间的利益都是紧密联系在一起的，作为企业整体战略一部分的各企业竞争战略，其目标都在于使自己的企业获得相对于竞争对手的优势，所以，在实施中就必然会产生冲突与对抗现象，这些冲突与对抗就构成了现有企业之间的竞争。现有企业之间的竞争常常表现在价格、广告、产品介绍、售后服务等方面，其竞争强度与许多因素有关。

一般来说，出现下述情况将意味着行业中现有企业之间竞争的加剧：行业进入障碍较低，势均力敌；竞争对手较多，竞争参与者范围广泛；市场趋于成熟，产品需求增长缓慢；竞争者企图采用降价等手段促销；竞争者提供几乎相同的产品或服务，用户转换成本很低；一个战略行动如果取得成功，其收入相当可观；行业外部实力强大的公司在接收了行业中实力薄弱的企业后，发起进攻性行动，结果使得刚被接收的企业成为市场的主要竞争者；退出障碍较高，即退出竞争要比继续参与竞争代价更高。在这里，退出障碍主要受经济、战略、感情以及社会政治关系等方面考虑的影响，具体包括：资产的专用性、退出的固定费用、战略上的相互牵制、情绪上的难以接受、政府和社会的各种限制等。

行业中的每一个企业或多或少都必须应付以上各种力量构成的威胁，而且客户必须面对行业中的每一个竞争者的举动。除非认为正面交锋有必要而且有益处，例如，要求得到很大的市场份额，否则客户可以通过设置进入壁垒（包括差异化和转换成本）来保护自己。当一个客户确定了其优势和劣势时（参见 SWOT 分析），客户必须进行定位，以便因势利导，而不是被预料到的环境因素变化所损害，如产品生命周期、行业增长速度等，然后保护自己并做好准备，以有效地对其他企业的举动做出反应。

根据上面对于五种竞争力量的讨论，企业可以采取一些手段，如尽可能将自身的经营与竞争力量隔绝开来，努力从自身利益需要出发，以此来影响行业竞争规则，抢先占领有利的市场地位再发起进攻性竞争行动等，来对付这五种竞争力量，以提高自己的市场地位与增强竞争实力。

三、目标市场分析

从营销学的角度来讲，市场是指商品交换关系的总和。一个完整的市场应该由人口数量、购买欲望、购买力三大要素组成，人口数量决定了消费者数量的多少，购买欲望和消费者消费动机有关，而购买力则直接决定了产品定价及企业的定位。对企业而言，只有同时具备三大要素的市场，才是企业真正的目标市场。因此，高校超市主要以售卖为主，而社区周围的超市则主要提供柴米油盐等生活物品。

创业者需要通过调研找到自己的目标顾客，搞清楚他们的需求，并且估算消费群体的规模，评估他们的消费意愿、消费能力及消费发展趋势。创业者不仅要找到目标市场，还应对目标市场进行细分，并针对不同市场的不同消费需求，提供相应的产品和服务，以此找准企业自身市场定位，制订营销计划，增强市场认可度，以便进一步占据市场份额。

1. 定位目标顾客

在创业项目的设计初期，创业者可能并不清楚面对的顾客群体是谁，也不清楚产品特征和市场范围，因此探索和开发自己的顾客非常有意义。可以通过顾客探索、顾客验证、顾客生成三个步骤来寻找和定位自己的目标顾客。

顾客探索是丢弃自己的主观猜测，接近消费者、进入消费场景，真正倾听顾客想法，了解他们的问题，了解他们认为哪些产品特征能够解决这些问题，然后对假想的目标顾客做出调整。通过不断地假设和推翻假设，了解顾客群体是谁，他们需要解决什么问题，哪些产品特征可以真正解决这些问题，有多少顾客愿意付钱解决这些问题等。

顾客验证是在顾客探索得出结论的基础上，就创业者设计的产品和服务在目标顾客中进行新一轮的测试，看顾客群体是否真实存在，确认顾客会接受最小化可行产品，验证顾客真实且可衡量的购买意图，以此评估企业投入的资源是否能获得理想的营收，从而实现盈利。有条件的可以采用试销的模式，这比简单的测试更有效。

顾客生成是企业首次成功销售的对象。顾客生成过程因初创企业类型不同而不同。有些企业进入的是已有市场，需要与竞争对手展开竞争；有些企业需要开发新的产品或寻找新的机会，开拓还不存在竞争对手的新市场。

2. 消费者分析

定位目标顾客后，要对消费者行为进行分析，这是产品和服务开发的前提。消费者分析是指研究个人、群体和组织如何挑选、购买、使用和处置产品、服务、创意或体验来满足他们的需要和欲望的过程。消费者的购买行为受文化、社会和个人因素的影响。

文化因素对消费者购买行为具有非常重要的影响。文化是影响人的欲望和行为的基本决定因素。创业者要密切关注目标人群的文化价值观、兴趣爱好、行为方式，用最佳的方法营销现有产品并为新产品找到市场机会。

社会因素包括参考群体（指对其成员的看法和行为存在直接或间接影响的群体）、家庭、社会角色和地位等。

个人因素包括年龄和生命周期中的不同阶段、职业和经济状况、个性和自我观念、生活方式和价值观，这些都直接影响着消费者的行为。

比如创业者和创业团队可以从以下问题入手，对目标顾客进行调查和分析。

· 顾客年龄、职业、居住地、性别分别是什么？

· 消费动机是什么？

· 顾客想要怎样的产品和服务？

· 顾客更注重产品或服务的哪些方面？是颜色、价格、功能、售后服务还是其他？

· 顾客的心理价位是多少？

· 顾客的消费习惯是什么？消费频率是多高？

· 顾客是否愿意尝试新产品和服务？

通过了解消费者，企业可以对自身的产品定位、战略布局等进行及时调整和完善。比如顾客购买能力较强、消费需求旺盛，则企业可以适当提高定价以提高企业自身利润；年轻人和老年人的消费动机和消费心理有较大不同，因此若企业主要消费人群为年轻人，则应该注重产品研发、功能实用等；若主要消费人群为老年人，则应该加强产品促销策略，尽可能降低价格以迎合消费者的消费心理。

3. STP 分析

STP 分析即市场细分（Market Segmenting）、选择目标市场（Market Targeting）和市场定位（Market Positioning）。STP 法则是整个营销建设的基础，STP 法则对各自的市场进行了细分，并选择了自己的目标市场，传达出各自不同的定位。

STP 理论的根本要义在于选择确定目标消费者或客户，也称市场定位理论。根据 STP 理论，市场是一个综合体，是多层次、多元化的消费需求集合体，任何企业都无法满足其所有的需求，企业应该根据不同需求、购买力等因素把市场分为由相似需求构成的消费群，即若干子市场。这就是市场细分。企业可以根据自身战略和产品情况，从子市场中选取有一定规模和发展前景并且符合公司的目标和能力的细分市场作为公司的目标市场。随后，企业需要将产品定位在目标消费者所偏好的位置上，并通过一系列营销活动向目标消费者传达这一定位信息，让他们注意到品牌，并感知到这就是他们所需要的产品。

四、竞争者分析

每一个企业都面临着竞争对手的出现，要想在竞争的市场中不断发展，就需要对竞争对手的信息进行分析和调查，了解竞争对手的优点及不足，并对照自身情况进行查漏补缺，以便进一步帮助自身企业健康快速发展。在行业的波特五力模型分析中，已经涉及竞争分析的内容，这里再进行一个补充。

和调查目标顾客相同，企业在开展竞争对手调查时，也需要提前拟定调查内容，比如：

(1)竞争者识别：你的竞争对手是谁？数量有多少？

(2)基本信息：竞争对手能提供怎样的产品和服务，产品和服务质量怎样？营销策略是什么，效果如何？他们公司在哪，面积多大，房租多少？设施设备有哪些？岗位如何设置？员工如何安排？他们处在哪一个发展阶段？

(3)财务情况：他们创造了多少营收？他们有多少用户？他们是否拿到了融资？他们的成本结构是什么？

(4)相似点和不同点：他们的优势是什么？你打算如何压制他们的这种优势？他们的弱点是什么？这对你有什么好处呢？

(5)收获：你能够从你的竞争对手身上学到什么，从而让你的公司变得更强大？

创业者和团队在完成竞争对手信息调查后，应该及时对调查的信息进行整理和总结，结合竞争对手的成功经验，对自身企业的创业思路进行不断地修改和完善。

案例

3D打印在铁路行业的应用前景

在过去的几年中，我们看到3D打印已被许多不同的行业采用，从汽车行业到航空行业都能看到3D打印机的身影。城市交通确实可以从3D打印的所有巨大优势中受益。

3D打印如何帮助铁路部门？

铁路部门显然需要很多高质量的零件。3D打印可以为铁路部门制造技术零件提供很大的帮助。实际上，这项技术已经在航空业中用于制造飞机零件，例如涡轮机。

随着3D打印机和金属3D打印技术的不断发展，这些行业制造零件变得更加便利。3D 打印正成为传统制造技术的重要补充产品，因为借助新材料和高效技术，3D 打印现在使这些公司能够更加高效的工作。

在该领域，通过 3D 打印可以同时改善原型制造工艺和生产方式。的确，3D 打印是一个机会，可以提出新的思想和新的手段，以完全重新考虑其优势和生产过程。

例如，庞巴迪公司是世界领先的飞机和火车制造商，他们正使用 3D 打印机来制造零件。为庞巴迪制造的 3D 打印零件非常复杂，必须充当各种疲劳测试仪器的安装座，例如比较器，皮带轮和目标。

法国庞巴迪运输公司产品完整性测试杆的测试工程师 Stéphane Veste："我们定期进行 3D 打印制造，这是我们测量过程中必不可少的部分。我们依赖于规则，这些规则迫使我们在传感器的定位，使用 3D 打印零件(声学球拍，麦克风支架，相对于路径中值的定位工具等)的阶段等方面具有一定的严格性，这些工具的质量有助于获得 RFU－022 标准。"

铁路行业最有前途的项目是什么？

3D 打印备件

在德国，German Mobility Goes Additive(MGA)愿意探索与 3D 打印相关的所有机会。该网络刚刚批准了德国公司 Hamburger Hochbahn AG 的地铁的第一个 3D 打印安全零件。该部门现在能够 3D 打印操作和安全相关的组件。

地铁上已安装了金属制动悬挂连杆。MGA 与不同的合作伙伴合作完成了这一部分：西门子交通集团(Siemens Mobility)，负责批准小组，德国铁路股份公司(Deutsche Bahn AG)和弗劳恩霍夫研究所(Fraunhofer Institute)。

3D 打印火车

Run2Rail 是一个新型 3D 打印项目，其主要目标是：使用 3D 打印技术来制造铁路车辆。3D 打印可以帮助人们重新思考和改进产品，铁路车辆完全可以受益于这些惊人的优势。3D 打印技术可以帮助制造更轻的车辆，而所需的能源更少。

随着 3D 打印的惊人发展，在未来我们将看到在铁路行业中有越来越多的 3D 打印应用出现，并伴随着科技的发展进一步占据主导地位，这对于工业产业化升级将是一项重大升级。

（摘自知乎网：https：//zhuanlan.zhihu.com/p/102664803－弘瑞 HORI3D 打印）

▶ 任务四　市场调研

创业者只有收集到科学、准确、足够的市场信息，才能对市场进行准确评估。而现实中，如果创业者对市场调查的方法不甚了解，获取和掌握的市场信息比较片面或者薄弱，就会导致市场判断缺乏说服力。因此，具备一定的市场调查知识是很有必要的。

一、确定调查方向

市场调查是指企业运用科学的方法，有目的地、系统地搜集、记录、整理有关市场营销的信息和资料，分析市场情况，了解市场的现状及其发展趋势，为市场预测和营销决策提供客观、正确的资料的活动过程。

创业者在创办一个企业之前，要对市场进行全面了解，主要应了解以下四个方面的内容。

(一)创业项目是否符合市场现状及发展趋势

市场现状包括消费者需求、技术现状、销售价格、竞争对手数量等，发展趋势则代表了市场未来发展的方向、消费者可能的需求变化、政策变化等。创业者需要对市场现状有明确的了解，在制定企业未来发展战略时还应顺应市场发展趋势。

(二)创业项目所针对的市场规模

市场规模即市场容量，主要是指目标产品或行业的整体规模，可能包括目标产品或行业在指定时间内的产量、产值等，具体根据人口数量、人们的需求、年龄分布、地区的贫富差距调查所得的结果来确定。简单来说，市场规模的大小将直接决定企业的战略布局、生产运营计划的制订等。

(三)创业项目是否符合市场准入标准

创业者在进入某个市场时，需要对市场准入门槛(资金、技术、人员、政策)等进行详细调查和了解，只有已经具备了市场准入的各项要求，才有进入市场的机会。此外，创业者还需要了解市场中是否有领导者或巨头存在，如电子商务平台市场中，已经有淘宝、京东等多个巨头存在，创业者要想进驻电子商务平台，不论是从资金、技术方面，还是从产品质量、物流配送等方面，都无法和淘宝、京东等巨头竞争。

(四)创业项目的市场定位是否合理

企业在开展生产和经营活动时，首先必须找准市场定位，要明确自己为谁提供怎样的产品和服务，能够满足消费者怎样的需求。在市场中，消费者的需求会因消费者性别、年龄、职业、地域等因素的不同而有本质的不同。比如一双筷子，普通消费者更注重其实用性，因此企业应重点面向消费市场；而收藏者则注重其蕴含的文化价值，因此企业应重点面向文化市场，以故宫博物院为代表的各地博物馆推出的系列文创产品就是如此。

二、设计调查方案

调查市场不要盲目地开始，应该在动手之前全盘考虑，为调查先设计一个科学的方案。

市场调查方案是指在开始正式市场调查之前，根据市场调查的目的和要求，对调查的各个方面和各个阶段所做的通盘考虑和安排。市场调查总体方案是否科学、可行，关系到整个市场调查工作的成败。

(一)设计市场调查方案的原则

1. 科学性原则

设计市场调查方案时，企业和调查者必须具有正确的思想观念、严格的调查内容、科学的调查流程以及采用合理的调查方案。比如在面对小范围市场或消费群体时，可以采用普查的方法进行调查；在针对大范围市场或消费者时，则可采取抽样调查的方式进行调查。

2. 时效性原则

市场调查的目的是掌握当前市场的变化和消费者需求，为了在这种不断变化的市场中进行信息收集，市场调查的调查方案也应根据市场的变化趋势而不断变化。比如在开展问卷调查时，传统方法为发放纸质版调查问卷，但其调查效率低、数据统计难度大，因此在设计调查方案时可以结合互联网思维，利用问卷星等网络调查工具在互联网上发放问卷调查，以此提高问卷调查效率、缩短数据统计时间。

3. 可行性原则

开展市场调查时，企业和调查者应该具有明确的调查目的，围绕调查重点和内容设计调查方案，比如在设计调查问题时，如果消费者的身高、性别等和调查目的无关时，则应该去掉。同时，在调查方法选择上，也应对调查方法所花费的资金、人力、物力等成本进行预估，并根据企业实际情况，采用适合企业的、可行性高的调查方法。

(二)市场调查方案的内容

1. 确定调查目的

调查目的是开展市场调查的核心，只有首先确定调查目的，才能找准调查方向，选择适合的调查方法，收集有效的调查数据。简单来说，调查目的就是企业通过本次市场调查，需要解决的问题是什么，需要了解的信息是什么，需要收集消费者对企业产品和服务怎样的建议和意见等。由此，确定调查目的对企业而言不仅是开展市场调查的第一步，也是至关重要的一步。

2. 确定调查对象

根据调查目的的不同，企业在开展市场调查时，其调查对象也应有所不同。比如企业在调查产品定价、功能、售后服务反馈等信息时，其调查对象应为消费者；若企业需要收集竞争对手信息，其调查对象则应为同类型企业；当企业需要了解相关政策变化、技术标准、市场变化趋势时，则应以政府工作人员、技术人员、其他企业家等为重点调查对象。只有找准、找对调查对象，市场调查才能收集到有效信息。

3. 确定调查时间

确定合适的调查时间也是设计市场调查方案的重要一环，由于调查目的、调查方法的不同，其调查时间也有所不同。比如采用观察法开展市场调查时，由于工作日和周末，上午、下午和晚上人流量、消费需求、消费动机都存在差异，因此每个时间段都应收集调查数据，以确保调查结果的准确性；若采用访谈法，则应提前联系调查对象，根据调查对象的时间安排来确定调查时间。

4. 确定调查流程

市场调查需要有组织、有计划、有步骤地开展，在设计市场调查方案时，还需要对调查中人员安排、调查任务分配、调查数据汇总和分析、调查报告撰写等各阶段的工作流程和重难点进行明确。

5. 确定调查方法

在选择市场调查方法时，企业和调查者除了要以调查目的、调查对象为选择依据外，还需要结合企业调查成本、调查时间、调查效果等因素进行综合考虑。

1）常见的市场调查方法

（1）经验判断法，即利用以往就业或创业经验进行判断。比如创业者曾经在奶茶店做过兼职，则可以根据兼职时的工作经验，了解开办一家奶茶店需要哪些原材料、设施设备等。

（2）观察法，即通过实地观察收集消费者、目标市场及竞争对手信息。

（3）访谈法，即通过访谈企业管理者、政府部门等业内人士，收集关于企业创办、设施设备、生产技术、政策补助、贷款融资等相关信息。

（4）实验法，即通过实际的、小规模的营销活动（比如试吃、试玩、试用等），来调查关于某一产品或某项营销措施执行效果等市场信息的方法。比如超市、面包店通过开展试吃活动，化妆品牌通过赠送小样等方式，了解和收集顾客对产品和服务的反馈意见。

（5）问卷法，即用科学的方法系统地搜集、记录、整理和分析有关市场的信息资料，从而了解市场发展变化的现状和趋势，为企业经营决策、广告策划、广告写作提供科学的依据。

（6）信息检索法，即通过报纸、电视、互联网等途径了解和搜索创业者所需信息。比如登录高校主页，收集高校学生总数、生源地、专业设置等相关信息。

（7）第三方调查，即聘请专业的第三方调研公司，为创业者提供行业研究、市场细分和用户行为研究、渠道模式研究、竞争对手调查、市场进入研究、消费者研究、投资决策评估等信息。第三方调研公司有北京中研世纪咨询有限公司、北京尚普信息咨询有限公司、成都神鸟数据咨询有限公司等。

2）经费预算

一般来说，市场调查项目经费预算是企业在选择市场调查方法时的重要参考依据，在调查之前，企业和调查者可根据调查目的、调查对象、调查内容等预估调查经费，形成市场调查经费预算表，如表3-7所示。

表3-7　市场调查经费预算表

企业名称：				
调查对象：		调查目的：		
调查时间：		调查地点：		
经费项目	单价/元	数量	总价/元	备注
方案设计费				
资料费				
印刷费				
差旅费				
劳务费				
耗材费				
办公用品费				
数据统计费				
报告撰写费				
合计				

三、收集二手数据

在市场调研中，企业通过访谈、交流、问卷调查等方式直接获得的数据，称为原始数据或一手数据。原始数据具有更强的时效性和更好的关联性，但也存在调查时间较长、花费成本较高等缺点。因此，企业在开展市场调查时，除了收集原始数据外，也可以考虑收集整理二手数据。一般来说，利用文献、书籍、统计年报、网络数据库等途径收集到的前人已经统计完毕的数据资料，统称为二手数据。

（一）二手数据的优势及适用范围

二手数据因其是已经统计完毕的数据资料，相对一手信息而言，具有获取成本低、获取效率高、获取途径广等优势。

在适用范围上，如果调查内容对时效性要求不高，比如了解人口基数、可用资源等信息时，则可以考虑使用二手数据。但如果调查内容具有较强的时效性，比如新技术研发、新标准制定时，则需要以原始数据为主，二手数据可作为参考数据使用。

事实上，市场的宏观信息通常来自官方部门和专业调研机构，以获得有说服力的权威性数据。二手资料也需要讲求数据来源的科学性，比如必须可靠，能说明近期的问题，适用于自己创业的区域。有些信息可以从网络中搜索到，必要情况下可能需要付费购买。

（二）二手数据获得途径

二手数据可以通过图书馆、媒体或者互联网进行收集。

对于较为专业的知识，创业者可以根据需要借阅相关书籍来获取。比如企业需要在某项技术的研发上取得突破，创业者可到各地图书馆借阅和该项技术相关的书籍，对技术的研发、演变、更新、未来发展趋势等进行研究，以此获取所需信息。

专业的报纸、杂志、电视等媒体以及互联网可以提供更有时效的信息，比如通过媒体，企业可以了解购买原材料的途径、收购价格的变化趋势、是否有可替代原材料出现等信息；通过各地政府官方网站，可以时刻了解政策变化及政策扶持等相关信息。

在具体的信息收集中，可以重点关注以下几个渠道。

（1）国际组织、协会及我国政府相关部门所公布的政策、统计信息、行业报告等。

（2）专业咨询和调研机构公布的报告和信息。

（3）专业书籍、杂志、报纸、网站、公众号等所提供的统计资料、市场预测、市场行情统计等。

（4）金融部门对于相关企业信息的披露。

（5）有关公司官方媒体平台公布的产品和服务信息、商业动态等。

四、实地调研获得一手数据

在做目标顾客特点、区域市场需求这类比较有针对性的细项研究时，只收集二手资料往往是满足不了需求的，还需要自己动手深入市场进行一些实地的调研。一手市场信息的收集是一个资源投入相对较大的过程，而且对调研人员的专业性有一定的要求。

（一）抽样与量表

1. 抽样调查

1）抽样调查的定义

抽样调查是一种非全面调查，它是从全部调查研究对象（即总群）中，抽选一部分单位（即样本）进行调查，并据以对全部调查研究对象做出估计和推断的一种调查方法。虽然抽样调查并非全面调查，但通过系统、科学的方法开展抽样调查所收集的数据，可以反映出整体实际情况，因而抽样调查是进行市场调查时经常使用的一种调查方法。

2)抽样调查的特点

(1)代表性强

抽样调查所调查的样本是按随机原则抽取的,在总体中每一个单位被抽取的机会是均等的,这能够保证被抽中的单位在总体中的均匀分布,不至于出现倾向性误差。因此,抽样调查虽然是非全面调查,但其调查样本具有较强的代表性。

(2)准确性高。

在进行抽样调查时,所抽选的调查样本的数量,是根据调查误差的要求,经过科学地计算确定的,因而调查样本的数量有可靠的保证。同时,抽样调查的误差,在调查前就可以根据调查样本数量和总体中各单位之间的差异程度进行计算并控制在允许范围以内,因此调查结果的准确程度较高。

(3)费用较低。

抽样调查是按照科学的原理和计算方法,从若干单位组成的事物总体中,抽取部分样本单位来进行调查、观察,用所得到的调查样本的数据代表总体,最终计算并推断总体的数据和情况,其调查范围涉及较小,调查周期短,调查速度快,因而可以大大降低调查费用。

3)抽样调查的方法

根据样本抽取的方法不同,抽样调查可以分为概率抽样法和非概率抽样法。

(1)概率抽样法

概率抽样又称随机抽样,是指在调查总体样本中,按照随机原则对样本进行抽取,每个样本被抽中的机会相同。常用的几种概率抽样法介绍如下。

①抽签抽样法:将所有样本混合均匀,放在一起,从中随机抽取样本作为代表进行分析。此种方法操作简单,但在样本数量巨大的情况下,该种方法则不太适合。

②顺序抽样法:将所有样本随机依次排列,顺次编号,抽样时,从随机点开始,按照一定的间隔抽取所需样本。此种方法的优点是抽取的样本分布均匀,分析数据具有较强的代表性。

③随机抽样法:将所有样本编号录入系统,再利用数据软件产生随机数,其对应编号的样本作为代表进行分析。随机抽样法操作简单,但如果调查对象分布范围广、个体差异较大,则不太适合此种方法。

④整体抽样法:将全体调查对象按照自然属性(如年龄、性别等)或调查需要(如职业、地域等)分为若干群,在抽样时随机抽取某个群作为分析样本,对该群内所有个体进行调查分析。比如需要调查锦城学院学生对奶茶价格、口味需求等信息时,可以将学生寝室楼栋作为不同的群,随机选择某个楼栋,对选中楼栋中所有学生进行调查,以获取所需信息。此种方法操作简单,在时间和费用上花费也相对较少。

（2）非概率抽样法

和概率抽样法不同，非概率抽样法是指调查者在挑选抽取样本时，并不按照随机抽样原则进行，而是以调查者的主观判断为原则来抽取分析样本。常见的非概率抽样方式有以下几种。

①方便抽样法：街头随机拦人调查就是最常见的一种方便抽样方法。方便抽样法操作简单，调查费用较低，信息获取便捷，但随机抽取的样本具有局限性，受偶然因素影响较大。

②滚雪球抽样法：根据调查前确定的调查目的、调查对象等信息，首先寻找若干符合调查要求的对象作为第一批调查对象，之后依靠第一批调查对象提供的线索或联系方式，找到第二批调查对象，以此类推，积累数据。滚雪球抽样法一般多用于总体单位信息不足的情况。

③定额抽样法：也称配额抽样法，是指将总群根据调查需要分成不同的群（比如以年龄、职业、性别等分类），将所需样本数额分配到各个类别中，并在规定的数额内由调查者任意抽取样本。比如需要了解锦城学院学生的消费动机时，在采用定额抽样法之前，可以年级为单位分群，制定样本数额分配表（见表3-8），再从中抽取样本。

表3-8　样本数额分配表

样本数额分配表	
年级	人数/人
大一	200
大二	200
大三	200
大四	200
合计	800

④自愿抽样法：自愿抽样的样本不是经过抽取获得，而是由自愿接受调查的单位所组成。比如用餐结束后，顾客自愿参加餐厅的服务调查；在银行业务办理完毕时，顾客主动参加对银行工作人员服务态度的评价；企业通过互联网、报纸、杂志、电视等途径发布调查问卷，消费者自愿参与调查等。自愿抽样的针对性较强，其样本一般集中于某些特定群体，因为参与调查的样本都是自愿的，因此调查结果更能反映某特定群体的意见和看法，对企业了解情况、分析问题具有重要意义。

2. 量表

量表是一种测量工具，是主观或抽象概念的定量化测量程序。在市场调查中，最典型和常用的量表是李克特（Likert）量表。该量表由一组陈述组成，每一陈述有"非常同意""同意""不一定""不同意""非常不同意"五种回答，分别记为1分、2分、

3分、4分、5分,每个被调查者的态度总分就是他对各道题的回答所得分数的总和,这一总分可以说明他的态度强弱或他在这一量表上的不同状态。李克特量表具有设计简单、使用范围广、可信度高等优点,可以用来测量其他一些量表所不能测量的某些多维度的复杂概念或态度,其答案形式也可以使回答者更方便地标出自己的位置。

(二)问卷调查

1.问卷调查的作用

问卷调查是指调查者根据调查目的,按照一定要求设计出调查问卷,通过向受访者发放调查问卷收集信息和资料。一般情况下,调查问卷由一系列问题组成,每个问题既可以给受访者预留备选答案,也可以设计成开放性问题。通过设计和发放调查问卷,调查者可以方便、快捷、系统地获得所需市场和消费者的信息。

2.调查问卷的设计原则

(1)合理性原则

调查问卷所设计的内容应该和调查目的、调查方向紧密相关,通过发放调查问卷能准确获取有用信息。

(2)逻辑性原则

在设计问卷调查时,设计者应有整体意识,问题与问题之间逻辑鲜明、前后承接,确保获得信息的完整性。

(3)非诱导性原则

调查问卷的问题描述应该明确且不带任何指向性,设置的备选答案应为中性,不带有任何诱导性或提示性,确保受访者在完全独立自主的情况下完成回答。

3.调查问卷的基本结构

问卷的格式一般是由问卷的开头部分、甄别部分、正文部分和结尾部分四个部分组成。

(1)开头部分

开头部分主要由问候语、填表说明、问卷编号等内容组成。

第一,问候语。一般来说,设置问候语是为了引起受访者的重视和兴趣,同时从心理上打消受访者的疑虑,激发受访者参与调查的主动性。因此,问候语的语气应该诚恳、礼貌,内容不宜太多,但要将调查的目的、调查的重要性和意义等重要信息表达清楚。

第二,填表说明。填表说明的目的在于让受访者明确应该如何填写问卷内容,对受访者的回答进行引导、帮助和规范,避免受访者因理解错误而在回答单选题时勾选多个答案或者将数字代表的程度填反等,从而确保收集的信息准确和可信。

第三,问卷编号。问卷编号主要用于识别问卷、调查者以及被调查者姓名和地址等，既可以对调查者的工作进行检查和监督，同时也便于后期对回收的问卷进行校对检查、更正错误。

（2）甄别部分

甄别部分也是问卷的过滤部分，其主要作用是根据拟定的调查目的，对受访者进行甄别，从中筛选出符合调查要求的调查对象，提高问卷调查获取信息的针对性和可信性。

（3）正文部分

正文部分是问卷调查的核心，由问题和备选答案组成。在设计正文部分时，问题设计应简明扼要，既要做到每个问题相对独立，又要做到问题之间具有关联性。同时在语言表达上，应充分考虑受访者的文化水平、职业分类等因素，在措辞、表述等细节上进行调整。

（4）结尾部分

问卷最后的结尾部分可以设置开放性试题，这样既可以了解受访者对本次调查的感受，同时也可以收集受访者的其他建议和意见。

五、市场分析和预测

市场预测就是在市场调查获得各种信息和资料的基础上，运用科学的预测技术和方法，对市场未来的商品供求趋势、影响因素及变化规律进行分析和推断。市场规模可以用下面的公式来表示：

市场规模＝用户基础×消费频率×支付单价

从上式可见，用户基数大、消费频率高、支付单价高的市场是最优的，但实际上大部分市场很难三项都最优，也许只能取其中两项最优。

估算用户基数时，很多人会把用户基数等同于有需求的人，而不是有支付意愿的人。实际上，很多服务有需求的人很多，但是如果要付费，愿意支付的人就会减少。从便宜到贵，可能又会减少一部分。如果简单地把有需求的人当作潜在用户，会大大高估市场。

估算消费频率时，很多人会把试错型消费者等同于长期潜在消费者。比如，学习是一款消费频率很低的产品，如果一段时间购买过度，不管是书还是网课，都会带来消费抑制，需要消化很长一段时间以后，才能堆积新的学习消费欲望。

估算消费单价时，很多人会把当下的消费单价等同于未来的潜在单价。一般来说，工业品消费单价总体趋势是越来越低；服务业消费单价总体趋势是越来越高；农业品消费单价影响因素很多，但肯定需要看天吃饭。

因此，创业者应该进行实际调查通过与行业人士、投资人交流等方式，对自己的市场有科学的预测，以便给自己的实际创业作出合理的评估。

常用的市场预测方法有以下两种。

①直观判断法，也可以称为经验判断法，主要是指经验丰富、业务熟悉、曾经或正在开展经营活动的创业者、企业家、管理人员等依靠自身经验，对过去和当前销售情况进行评估，以此来判断未来市场发展趋势。直观判断法简单易掌握，但也存在精准度不够的缺点。

②实销趋势分析法，是指通过分析和对比实际销售增长或下降趋势，对未来销售情况进行预测。这种预测方法适用于销售比较稳定的企业，对于市场变化较大的行业则存在一定误差。

六、完成市场分析报告

市场分析报告是企业通过开展市场调查，收集整理有关市场规模、市场竞争、市场变化趋势等相关信息，并结合市场分析和预测结果，编辑整理而成的调查研究报告。市场分析报告可以为创业者了解企业发展现状、市场变化趋势、制定未来发展战略等提供可靠的数据支持。

(一)市场分析报告的特点

1. 针对性

市场分析报告的作用在于帮助创业者分析市场变化趋势，找准企业发展机会，把握市场发展规律，以此来推动企业健康可持续发展。在企业发展初期或瓶颈期，创业者开展市场调查的目的性越明确，撰写的市场分析报告越有针对性，对企业发展就越具有指导意义。

2. 纪实性

市场分析报告中所分析和运用的所有材料都是真实、准确、可靠的，不能加入任何虚假信息，更不能根据创业者个人喜好随意修改和歪曲事实。因此，市场分析报告最终体现的结果所反映的是客观事实，是真实准确的。

3. 评析性

通过市场调查所得的各种事实、现象，在写作中必须作出简明扼要的评论和剖析。市场分析报告不能离开基本事实和主要现象，但也不能只是事实的叙述和现象的堆砌，而是要对事物发展全过程进行系统、全面地调研分析和评论，揭示事物发展的本质和规律。所以说，市场分析报告的写作既要如实地反映客观情况，又要准确地评析客观现象。

4. 科学性

市场分析报告的撰写要以市场调查研究作为基础，在整理的过程中要注重调研的真实性、信息的完整性和数据的实效性，如果没有经过详细地市场调查和深入、系统地分析研究，创业者所撰写的市场分析报告就无法客观反映市场的现状及发展趋势。

（二）市场分析报告的基本结构

1. 标题

标题应该简单明了，既要高度准确地概括出本次市场调查的目的，同时又要具有较强的吸引力。比如"对石家庄奶茶市场零售价格的市场调查分析报告"。

2. 导语

导语也称总述、前言等，其目的是以最简单的语言说明本次市场调查分析的目的、对象、数据分析、总结等。

3. 主体报告

主体报告是市场分析报告的核心部分，主要由调查过程描述、调查数据分析、主要结论、分析与思考等内容组成。一般情况下，调查者可以将主体报告内部分成若干章节，这样既方便阅读，同时又能增强报告的层次感和逻辑性。

4. 参考资料

参考资料是指撰写市场分析报告所使用的参考文献、表格插图、调查问卷、数据分析工具等。

案例

宝洁公司

宝洁这家拥有 170 年历史的企业从未放弃对产品的更新开发。利用一套完备的"监视"网络，公司将每个地方的销售情况都详细地掌握在手中。宝洁在全世界还拥有 7500 名科研人员，它旗下的香料师也明显多于其他同类企业。每年该公司都投入大约 20 亿美元用于实验室研究，在市场营销方面的投入则超过 40 亿美元。

每年花一天时间与一位消费者亲身接触已经成为宝洁公司员工的义务。有些员工还被委派到某家商店，从店主开门营业的第一刻开始全程观察，看店员如何与顾客交流，顾客都购买什么商品等。

这样做的目的是要发掘消费者未表达出的和未被满足的需求。每年，宝洁在全球的分支企业都要呈递一份报告，列出消费者最希望满足的 10 项需求。例如，发明一种抗潮湿的卫生纸或者一种可用于冷水洗涤的洗涤剂。这份报告会转化为技术问题被公布在科研人员的系统网络中，以便创造新产品。

（摘自百度文库：https：// wenku. baidu. com/view/9f11088375a20029bd64783e0912a21614797fb0. html？ _ wkts _ ＝1682241806906）

▶ 项目小结

　　寻找和挖掘出一个好的商业创意只是创业的第一步,作为一名创业者,我们不仅要懂得区分创意与商业创意,了解和掌握寻找商业创意的方法,还应该学会利用SWOT分析法、蒂蒙斯机会评价法、贝蒂选择因素法等方法,从众多商业创意中筛选出符合自身创业条件的切实可行的商业创意。同时,对于即将进入的创业市场也应进行深入调查,对于调查数据要进行科学分析,为后续商业计划书的撰写、商业计划的制订等提供翔实的数据支持。创业者只有找到正确的创业方向、真正了解市场需求,才能有针对性地制订出正确的创业方案和计划,也才能真正迈向创业的成功之路!

复习思考题

1. 创业与创新的关系是什么?

2. 创业者的类型如何划分,请一一列举?

3. 创业者在创办一个企业之前,要对市场进行哪些了解与调查?

讨论性问题

1. 创业企业风险的来源?

2. 创业投资有哪些特点?

3. 创业者应具备哪些创业素质?

实践性问题

1. 利用SWOT分析法,对自己创业想法进行评估。

2. 利用贝蒂选择因素法,对自身创业机会进行判断,其可行性有多大?

3. 请大家分析市场成长期间,滴滴、快的与嘀嗒等企业的竞争。

如何撰写有吸引力的商业计划书

学习目标

- 了解商业计划书的主要内容和框架。
- 了解不同类型商业计划书的特点。
- 掌握商业计划书的撰写原则。
- 锤炼必备的写作技巧。

项目导读

前面讲到，争取创业资源的三大法宝是商业计划书、路演、商业PPT。路演则是打开创业之门的第一步，但是路演的内容事实上来自商业计划书；对于参加创业大赛的大学生来说，商业计划书可能就是他全部的武器。

商业计划书可以说是争取资源的技能，虽然对商业计划书的写作并没有统一的要求和格式，但是从争取资源的角度，有一些必须突出的点和涵盖的内容，也有一些技巧能够帮助创业者更好地表述自己的商业创意。

对大部分人而言，写商业计划书都是一个很大的挑战。但是，它非常重要！

对于迫切希望快速成长的初创企业而言，一份优质的商业计划书或许是成就梦想的第一步。一份优质的商业计划书，不仅仅可以帮助创业者实现融资，还有可能因此获得投资人的管理经验和人际关系，这些都是帮助创业者成功的加速商业计划书的过程也是检视你自己项目的过程，你本人也可以从投资者的角度看看自己的项目是不是如想象的那么具有吸引力和可行性。通过严谨的调研、分析，可以对自己的项目进行审视，并在必要的情况下作出调整，以更符合市场的需求。这也从另一个角度促进了自己项目的成熟和推进。

虽然写好商业计划书并不容易，但我们可以通过学习来提升自己。你需要学会撰写商业计划书的通行标准以及写作技巧，让你的项目看起来具有足够的吸引力。因为你的项目在你看来是最重要和特别的，而对投资者来说，不过是他们看的无数计划书中的一个而已。

为了写好一份商业计划书，你需要完成四个任务。

(1)设计合理的内容和框架，简要完整地展示项目的重要信息。

(2)确定商业计划书的类型和风格，以适合不同的应用场景。

(3)把握写作商业计划书的原则，让你的项目看起来充满吸引力。

(4)修炼商业计划书的写作技巧，让你的商业计划书脱颖而出。

▶ 任务一 构思商业计划书的内容与框架

商业计划书，简称BP，是英文Business Plan的缩写。商业计划书是企业根据一定的格式和要求制作出来的书面材料，材料中要全面展示企业或项目的状况以及企业或项目的发展潜力。商业计划书的主要目的是为企业争取资源和进行自我评价。

商业计划书并没有统一的格式，但是如果要将"项目值得投资"这个重点凸显出来，让投资者在翻阅商业计划书时能够立刻看到自己想要了解的东西和项目亮点，还是有一些较为通行的法则和重要的元素。

一般而言，一份商业计划书可能会包含以下内容。

一、封面、标题和目录

为自己的商业计划书设计一个和项目风格匹配的封面。封面应该有醒目的项目名称，应该留有企业或者团队的联系方式，应该有与正文页码匹配的详细目录。

目录前可加一页，写上方案目的、方案版本、保密提示等。

二、项目摘要

项目摘要又称执行概要是商业计划书的浓缩，为了便于阅读者快速获得相关信息，项目摘要应呈现最精华的部分，并突出市场机会和市场价值，以激发投资者兴趣。这部分篇幅一般控制在2页以内，主要包括以下内容。

(1)公司介绍：公司名称和核心团队介绍、公司主营业务、公司战略和发展规划。

(2)产品/服务描述：产品/服务介绍、产品技术水平，产品的新颖性、先进性和独特性，产品的竞争优势，盈利模式等。

(3)行业及市场：行业历史与前景，市场规模及增长趋势，行业竞争对手及本公司竞争优势，未来3年市场销售预测等。

(4)营销策略：在价格、渠道、促销等各方面拟采取的策略及其可操作性和有效性，对销售人员的激励机制，如何实现营收。

(5)财务计划：主要财务预测数据、融资需求、投资回报等。

三、企业和团队简介

这部分主要展示企业或者团队的基本信息和情况，目的是让投资者了解这是一家什么样的公司、有什么业绩、往什么方向发展。

你要用强有力的理由来解释你的企业因何存在，什么是你的创业之本。

具体应该包括如下内容。

(1)企业情况概述：公司成立的时间、法律形式、股东及股份占比情况、注册资金、业务范围等。

(2)企业创始人和创业团队简介：主要介绍创始人、核心团队和团队管理模式。

(3)企业发展愿景和发展战略。

四、产品和服务介绍

这个部分主要介绍公司的业务，是商业计划书的核心内容，需要占用较大的篇幅来进行写作。一般而言，当投资者全面了解了产品信息后，才会判断并且考虑项目的价值。这部分的内容一般要涵盖以下几个部分。

(1)产品/服务描述：外形、功能、性能、结构、知识产权等。

(2)产品服务优势：目标顾客研究、解决了什么痛点、具体的解决方案等。

(3)盈利模式：产品/服务如何组成业务模式，如何盈利。

(4)产品/服务的开发计划。

五、市场分析和预测

最有可能打动投资者的，有可能就是发现和开发一个足够大的市场。同时，阅读计划的人会通过市场分析这个部分了解你是否为自己的项目做了足够的功课。市场分析的内容包括以下几个方面。

(1)宏观环境分析。

(2)行业分析。

(3)目标市场分析。

(4)竞争分析。

(5)企业内部环境分析。

要通过市场分析得出结论，提出市场机会在哪里，市场规模有多大，如何抓住市场机会。

六、营销策略

所谓营销策略，简单来说就是如何将产品更好地卖到客户手中。制订营销策略，要在前面市场分析得出结论的基础上结合项目的实际情况进行。营销策略应该包括以下内容。

(1)产品策略。

(2)渠道策略。

(3)价格策略。

(4)广告和促销策略。

七、财务计划和财务分析

在商业计划书中，财务分析是投资者最关心的内容之一，这个部分需要对大量数据进行统计与分析，从而让投资者通过数字了解企业当前的财务状况以及未来的发展情况。这个部分一般涵盖以下几个方面。

(1)资金需要量预测：资金需要量预测是企业融资的基础，对于创业企业来说，主要就是启动资金的测算。

(2)销售预测：综合各方面因素，对企业一定时间内的销售情况作出科学合理的预测，以估算营收。

(3)预测报表：主要指现金流量表、损溢表和资产负债表，以提供一家公司财务状况的不同方面的信息。

(4)投资回报预测：分析损溢平衡和投资回报。

(5)融资计划：说明融资时机、金额和用途。

八、风险评估和对策

企业风险是指某些危险因素导致企业在生产经营过程中造成的损失。企业风险对企业的发展影响巨大，在商业计划书中客观全面地分析企业存在的风险并提出合理的风险管理策略，是获得投资人信任的一个因素。这部分应该包括如下内容。

(1)风险预测：包括自然风险、技术风险、政治风险、社会风险、经济风险等。

(2)风险管理策略：阐述企业风险管理的方法，并就风险预测提出防范或者控制的策略。

并非所有的商业计划书都严格按照这样的结构，一些计划书会调整顺序，比如有的计划书会先讲市场再谈产品，有的喜欢先谈产品再分析市场；一些计划书可能把几个部分结合起来，比如可能将产品、市场、营销等内容合为商业模式版块；一些计划书可能会增加新的章节，比如人力资源计划、运营计划、退出机制；有的计划书可能会删除一些章节。

无论如何，商业计划书只要能回答以下几个基本问题就可以。

①项目是什么？

②有好的盈利模式吗？

③可不可行？

拓展 学习

商业计划书模板案例

商业计划书的内容并没有一个统一的标准，不同的投资者会给出不同的要求，或者有不同的喜好；在企业发展的不同阶段，也会有不同的重点。

下面给出几个顶级的投资机构给融资者提供的模板和建议。

1. 软银中国资本（SBCVC）模板

软银中国资本是一家风险投资和私募股权基金管理公司，曾成功投资了阿里巴巴、淘宝网、分众传媒等一系列优秀企业。软银中国资本认为，一份简略的商务计划概要通常只有1至2页，主要回答以下11个问题。

（1）您的业务是什么？

（2）您的商业模型是什么？（主要的收入来源）

（3）您的业务是满足什么需要或解决什么问题？

（4）您的竞争对手有哪些？详细情况如何？

（5）您的客户是哪些？

（6）您的业务目前的发展状况：创意构想的阶段-业务开发阶段-有产品或服务-已有收入-已经有了可观的收入，并且寻求业务的扩张。

（7）您希望融资的金额是多少？

（8）您的目标评估价值是多少？

（9）谁是您目前的投资者？

（10）您的总部设在何处？

（11）主要管理人员简介。

（摘自软银中国资本官方网：http：//www.sbcvc.com/a/lianxiwomenhezuobuzhou/）

2. 红杉资本模板

红杉资本1972年成立于美国硅谷，作为第一家机构投资人，投资了如Apple、Google、Cisco、Yahoo等众多创新型公司。红杉资本中国基金自2005年创立以来，投资了500余家企业，投资组合包括京东商城、阿里巴巴、蚂蚁金服、今日头条、饿了么、滴滴出行等。

红杉资本喜欢那些用最少的文字传达最多的信息的商业计划书。以下格式，用15～20页PPT就可以了。

（1）公司目的

•用一句话描述公司的业务

(2)问题

· 描述客户的"切肤之痛"

· 概括目前客户是如何应对这些问题的

(3)解决方案

· 阐述公司的产品/服务的价值定位如何解决客户的难题

· 说明公司的产品/服务具体在何处得到实现

· 提供一些产品/服务使用的具体例子

(4)时机：为何是现在？

· 回顾公司产品/服务所应用的领域的历史演变

· 说明哪些近期的趋势使得公司产品/服务的优越性得到扩展

(5)市场规模

· 定义你的目标客户并描绘他们的特性

· 用不同的方法测算市场规模，比如用自上而下法估算可获取的市场规模，用自下而上法统计可获取的收入规模，或依据市场占有率份额来估计

(6)竞争格局

· 列出现有的和潜在的竞争对手

· 分析各自的竞争优势

(7)产品/服务

· 产品/服务描述：外形、功能、性能、结构、知识产权等

· 产品/服务的开发计划

(8)商业模式

· 收入模式

· 定价

· 从每个客户身上可获得的平均收入或其终身价值

· 销售和渠道

· 现有客户和正在开发的客户清单

(9)团队描述

· 创始人和核心管理层

· 董事会成员和顾问委员会成员

(10)财务资料

· 利润表

· 资产负债表

· 现金流量表

· 股本结构

· 融资计划

　　　　　　　　（摘自股融易网：http：//www.guronge.Com/co/351.html）

3. 基石资本模板

基石资本是一家底蕴深厚的股权投资管理机构，拥有18年投资管理经验，是中国最早的私募股份投资机构之一，累计资产管理规模在全国位居前列。

基石资本的商业计划书模板如下：

(1)公司基本情况：公司名称、地址、电话、传真、邮编、成立时间、注册资本、股东组成、持股比例、公司当前总资产、净资产、市场销售联系人、公司销售情况。

(2)公司管理情况：主要负责人简介。

(3)公司业务介绍：描述业务的简介，公司的产品，经营模式，技术水平及来源，公司业务或产品的竞争优势，当前的市场占有率，商标、版权、专利情况。

(4)发展目标：未来今年的发展规划及战略、实施的方式和进程。

(5)市场分析：市场需求分析和营销策略，目标市场的容量分析，市场需求增长分析，竞争对手分析。

(6)资金需求量及使用计划：公司的融资计划，投资者股份比例。

(7)经营及财务分析：对未来3年公司的财务情况进行预测，财务数据包括总资产、总负债、净资产、销售收入、纯利润。

(8)风险分析：公司发展计划的实施可能会遇到的风险和对策，公司的业务及市场竞争等风险分析。

　　　　　　　　（摘自基石资本官方网站：http：//stonevc.com/sv.aspx？Fid＝n8：8：7)

案例

Airbnb 商业计划书

相信很多朋友应该知道，Airbnb是一个做共享空间的公司，它是在全球范围内与优步齐名的，共享经济的领先或者代表的公司。他们把全球很多民宅民宿共享出来给很多的游客。

经过不到十年的发展，他们的市值目前已经超过许多全球的酒店，他们可能已经是目前全球市值第二位的公司，仅次于万豪和SPG喜达屋集团。

接下来，我们来看一下它的商业计划书。

这个商业计划书是来自于Airbnb的早期，也是它的天使轮的一个融资商业计划书。这个商业计划书写得非常的精炼，但是它的表现也是非常的标准，我们来看一下。

封面：一句话的形式呈现出来我们是干什么的。

痛点：直接陈述目前这个市场存在的一些需求和痛点。

解决方案：怎么样解决这个问题的。

市场规模：告诉大家这个需求和解决方案之后，要告诉大家这个市场的规模到底有多大。

产品：这个市场的规模以及对未来的展望。

盈利：详细陈述这个产品的形态是什么，我们怎么解决问题。

竞争对手：告诉我们是怎样赚钱的，商业模式是怎么样的。有未来非常好的商业预期，对未来的推广方案和计划是什么样的。市场当中的竞争对手有哪一些？跟他们相比，我们的特点和优势在哪里？

团队：团队是由哪些人构成的，他们分别负责哪个模块，他们自己的经验是在哪里？对于实现这个项目的价值在哪里？

除了这个运营的数据之外，还有一些媒体的报道，用户的反馈。

接下来表明要达到这个目标，想要融多少钱，这是我的融资条件。

这就是一个非常清晰和简单的商业计划书的内容。

（摘自百度文库网：https：// wenku. baidu. com/view/aee5471083c758f5f61fb7360b4c2e3f5627257b. html？ _ wkts _ ＝1682242185397）

▶ 任务二　确定类型和风格

商业计划书并非"一本打天下"，在不同的应用场景下，商业计划书无论从展示内容、展示形式还是展示风格上都要做出相应的调整。大体上，商业计划书可分为路演型、验证型和工作型三种。

一、路演型商业计划书

路演是创业者参加各类创业大赛的必经之路，也是企业融资实务中的重要形式。路演型商业计划书是针对路演所制作的商业计划书，其目的是让投资人快速了解企业的项目概况。路演型商业计划书具有如下特点。

1. 篇幅短、内容精

路演型商业计划书可以直接做成 PPT 形式，一般 15～20 页，最好能让演示人用 5～8 分钟把计划书的内容介绍完毕。路演型商业计划书一般应展示出项目的以下关键信息。

①企业（项目）简介：简单介绍企业（项目）的发展状况，以便投资方对企业（项目）有一个简要的了解。

②主要团队：展示主要团队是为了展示项目的实力，让投资方通过团队看到企

业（项目）的发展前景，从而提升信赖度。

③市场研究：研究和分析市场状况，让投资方看到项目广阔的发展前景，了解此项目的市场定位和优势。

④项目方案：展示项目的大体内容以及所需资金、收益分配情况等内容，让投资方了解项目的资金去向。

⑤财务情况：通过报表的方式向投资方展示未来可达到的发展预期，让投资方评估自己的财务回报。

2. 言简意赅、一目了然

路演型商业计划书应该直奔主题，展示对方最想看到的内容，比如核心投资亮点、项目发展前景、项目优势等。

撰写风格要言简意赅，直接表达项目能解决什么样的问题，或者项目有什么优点。

路演型商业计划书可以采用图文并茂的排版方式制造视觉冲击力，尽量用数据说话，适当使用数据模型、图表等呈现。

二、验证型商业计划书

验证型商业计划书是商业计划书中最重要的一种，通常使用在与投资者面谈的时候，是投资方通过路演或者前期阅读了商业计划书对项目认可部分内容后，想要得到更多的项目信息的情况下使用。验证型项目计划书应详细地阐述项目的具体情况，并对一些内容进行重点说明和验证。

验证型商业计划书应尽量做到以下几点。

1. 对重要问题进行重点分析

相较路演型商业计划书，验证型商业计划书内容更详细、篇幅更长。因此，撰写者要厘清逻辑和重点，对投资方感兴趣的问题，如市场分析、产品和服务介绍、项目优势、项目可行性等，要使用较大篇幅进行重点分析。

2. 数据充分而精准，力争取得投资者信任

投资者在决策的过程中，会要求创业者提供各种类型的数据，比如市场前景、产品比对、财务分析等，这些数据会影响投资人对项目的关注度和对项目可行性的判断。这些数据是否精准可靠，是创业者能否获得投资者信任的重要因素。因此，撰写者必须提前做好功课，使报告中提供的各类数据客观。用数据说话是最具有说服力的！

三、工作型商业计划书

工作型商业计划书主要是给内部人员使用的工作指南，主要是企业对内部的计划等内容进行梳理，服务企业内部的发展。因此，工作型商业计划书要根据企业内

部的具体需求来撰写。

工作型商业计划书具有以下特点。

1. 内容全面、篇幅长

工作型计划书可以就企业或项目的各方面情况进行充分介绍，涉及的内容多、叙述详细，可以在路演型商业计划书的基础上，加入企业文化、人力资源计划、运营计划等众多内容。整份工作型商业计划书可以多达几十页，供内部员工在不受时间限制的情况之下充分阅读。

2. 方案切实、计划周详

工作型计划书应该对内部成员的工作有指导性的作用，而粗略的、大致的方针内容是无法达到这样的目的，所以工作型商业计划书应该突出项目重点，并且根据项目实际情况提出切实可行的方案和详细的工作计划，以便为工作人员指明工作方向和确定行为准则。

3. 简单实用、突出重点

工作型计划书是给内部员工使用的，应主要突出实用性和指导性，在版式、装帧和印制方面，不必像给投资方的计划书那般制作精美，采用简单大方的排版和平实美观的装帧即可。但是因为读者阅读工作型商业计划书的时间可能较长，所以工作型商业计划书需要安排好重点和相应的篇幅，以便阅读者能一目了然地查阅重点问题。

▶ 任务三　把握撰写原则

不论是新投入创业的创业者，还是只是去参加创业大赛的大学生，撰写一份优质的商业计划书都是一个巨大的挑战。为了更好地应对这一挑战，创业者必须要掌握一些有效的技巧与套路，并制订比较完善的策略。

商业计划书并不是内容写全了就算好，而是需要清晰地展示项目的全貌，凸显自己的优势，并且在最短的时间内给投资人或者评委提供最有效的信息的特点。

一、商业计划书的编写原则

完成商业计划书的过程其实是一个提出关键问题、探索解决问题的方法并解答问题的一个过程，它需要逻辑清楚、表述精要，体现出投资者所关心的全部问题。为了达到这个目标，撰写商业计划书时，一般可遵循"4W2H"原则。

What：讲清楚你要做什么。

Why：为什么要做这项业务？为什么选择现在做这项业务？

How：你的顾客在哪里？他们为什么要光顾你？你的公司如何实现盈利？

Who：你的团队是什么样的，有什么样的背景和特长？

Why you：说明项目优势和团队优势，说明为什么你有能力做这项业务。

How much：财务预测与融资计划。

这个原则可以充分地展现在你的执行概要中，也可以展现在整个商业计划书的设计和行文中，它也是在路演中可以参考的陈述逻辑，给信息的接受者有条理又实在的内容。

拓展 学习

好项目"好"在哪里？

好的商业项目通常应该说清楚以下几点问题。

(1)抓住商业趋势。

创业者能看清"时代趋势，国家大势，市场局势"，对未来趋势有准确地把握，并能抓住进入的时机。

(2)可以解决强烈痛点。

创业者对市场机会有深刻的认识，找到了市场上现有解决方案没有很好解决的刚需，并且市场足够大。

(3)产品具有优势和壁垒。

产品具有创新性，能真正地解决市场痛点，且短时间不易被复制。

(4)创业团队有勇有谋。

尤其核心创业者，有创业精神，有商业头脑，有必备的创业素养，还有强大的执行力。

(5)有市场验证的结果做支撑。

商业设想已经有一些实际的市场行为做尝试和验证，或已经有其他成功的案例。

二、优秀商业计划书的特点

著名投资人和企业家雷军曾简单概括自己选择项目的四个必备条件：一是大方向很好；二是小方向被验证；三是团队出色；四是投资回报率高。这也是商业计划书应该呈现出的项目的特点，方向正确意味着有市场潜力，团队出色证明有能力完成这个项目，投资回报高说明项目具有投资价值。总体来说，一份优秀的商业计划书应该有以下几个特点。

1. 用科学可靠的方式阐明市场潜力

在分析项目的可行性时，首先要说明有足够大的市场容量。但这并不是说要对一个虚无的美好未来夸夸其谈，这样做只会让投资人反感，认为你没有研究透自己项目的市场前景。聪明的做法是：找准目标市场，分析哪些人是你想触达和可以触达的客户，这些目标客户群体有多大，目前的市场格局是什么样的，未来市场会如何变化，你有机会占领多少市场份额，你的目标会如何变化。

2. 业务应该有亮点和优势

商业计划书必须体现出项目的亮点和优势，才能从众多潜在竞争者中脱颖而出，同时体现出能够兑现价值承诺的能力。

①可能的亮点：市场规模、市场增长率以及市场政策红利等；核心团队中有与项目需求特别匹配的能力，或者有资深行业人士、名校学生、连续创业者等；已开展的业务数据呈快速上升趋势；业务针对后进入者有壁垒；等等。

②业务呈现的优势：与竞争对手比，是一种全新的商业创意吗？是现有产品或服务的改进版吗？比其他的产品或服务更具有价格优势吗？售后服务更加可靠吗？对于本地客户来说更容易获得吗？特别适合在某种渠道出售吗？

3. 要展示团队实力和项目强大的加持

商业计划书要充分展示团队实力，以说明"一个好的市场机会，凭什么可以被你的团队抓住"。

投资者会看重已有的经验、能力、成绩和声望，很难信任一个初学者可以成事。因此，在撰写商业计划书时，应当充分展示团队项目相关的经验，以打消投资者的疑虑。团队的实力主要是来自所谓的"能力项"，包括从业背景、市场资源、技术实力等。

同时，应该为你项目的成功承诺提供强有力的加持，包括技术、专利、资深行业人员等，让投资人相信你们的项目在市场中的竞争力是真实可靠的。

4. 要充分说明项目价值

一个好的商业计划书必须要传递创业项目的价值，给投资人做出价值承诺。无论哪方面的利益相关者，都希望自己的投入能够换来价值回报，尤其是经济价值和货币效应。简而言之，就是"能赚多少钱"。对于不赚钱的项目投资者甚至创业者本人可能会直接否决，但是如果结果高得离谱，又可能会质疑它的合理性。

对于项目价值的呈现，首先是市场价值的分析，其次是合理的市场预测，最后要体现在财务数据上。不要毫无根据地夸大其词，而要有理有据地用数字呈现出项目的价值。

拓展学习

商业计划书不是"写"出来的

撰写一份商业计划书的核心不在"写"，而在前期的调研、分析、定位等实际的创业准备工作。商业计划书只是将创业团队的主张述诸文字，在制订计划之前，要对项目价值进行合理地预测、对项目的推进进行精心地设计。在下笔写商业计划书之前，至少应该完成以下工作。

市场调查(环境、行业、竞争者、顾客等)。

前景分析和项目筛选。

商业模式设计。

经过调查和评估确定项目切实可行之后，就可以通过文字将自己的商业计划写出来。仅靠凭空想象是不可能写出一份可靠的计划书的。

案例

××公司创业计划书框架

一、××公司创业计划书目录

1. 前言

2. 公司基本资料

3. 公司组织

4. 股权结构

5. 业务内容

6. 技术与生产

7. 财务预测

8. 投资报酬率分析

9. 风险分析与投资管理

附表一：公司成立后拟设的组织系统图

附表二：未来 5 年产品销售收入预测表

附表三：主要产品及质检流程表

附表四：员工人数、职工工资一览表

附表五：未来 12 个月现金流量表

附表六：未来 5 年按年度的现金流量表

附表七：未来 5 年损益表

附表八：未来 5 年资产负债表

（摘自百度文库网：https：//wenku. baidu. com/view/9df8dd206f175f0e7cd184254b35eefdc8d315f7. html）

▶ 任务四 锤炼写作技巧

商业计划书的写作有其约定俗成的行文风格，需要呈现出简洁、直接、专业的效果，具体来说应该做到以下几点。

一、可视化导向

人是视觉动物，商业计划书的重点内容应该一目了然，让阅读者"看得清楚、看得舒服"。

写作商业计划书时，尽量少用大段的纯文字的表达，语句要简洁、内容要精确，表达直截了当，不咬文嚼字、拐弯抹角。将赘述内容都去除，留下最紧要的内容，并将重点信息准确无误地表达出来。

尽量使用可视化的内容，适当的地方可以使用表格、图表、甚至图片来辅助说明。比如以下情况推荐使用可视化的方式。

(1)对于一些要用大量文字才能阐释清楚的逻辑性问题，可以用图片来展示顺序、流程、因果、对比等，以便读者快速地了解信息。

(2)需要呈现大量的或者种类比较多的数据时，应该使用表格，将数据和内容进行清晰和有逻辑的呈现。

(3)呈现复杂数据时，用图表来进行直观、形象的展示，比如用柱状图、折线图、条形图等，能让内容清晰并且容易理解。

对于图片和表格，不仅要使用，而且要善用，要让图表为计划书加分而不是减分。图表的使用，不仅要内容准确合理，还要注意排版，要与整体布局协调。

二、"实在"的创意

商业创意不应该是空泛的构想，在方案中应该展示出论证的过程、合理的结论以及对产品和服务模式切实可行的设计。

撰写商业计划书时，不要凭空夸大项目的回报，要让投资者看到项目管理者对市场的判断、顾客的认识、产品的设计等并非来自盲目的自信，而是都建立在真实可靠的调查和科学的分析之上，并且能提供翔实可靠的佐证材料。

在与投资者或评委接触的过程中，真实和诚恳的态度才能够获得他们的认真对待。

三、用数据说话

能用数字说明的，就不用文字。

投资者往往喜欢用数字思考，因此，在撰写商业计划书时，应尽量减少描述性的语言，而用数字来量化描述。请注意，要大量使用数据时，在提供数据的地方应当说明引用来源，因为可查证的数据将提升计划书的可信度。

在商业计划书中，以下两个部分是一定要出现数据的。

(1)市场数据：市场分析和预测部分用描述性的语言是一定没有说服力的，无论你如何强调市场的广阔，都感觉是夸夸其谈，显得对市场没有深入的认知和把握。在市场规模、竞争对手、典型用户等部分中，应该提供真实可靠的数据作为支撑，这样才能赢得投资人的信赖。

(2)财务和投资数据：在财务的部分基本都是用数据说话，而且数据应该科学、可靠，不要作不合理的业绩预测，给投资人完全不符合客观规律的乐观数据；投资的部分要明确地告诉投资人自己的融资目标，让投资人了解创业团队的需求。

对比以上两段描述，第二段描述因为用数据说话，因而更能让人信服。

四、善用故事手法

形象地展示项目的应用场景，会给项目的展示大大加分。呈递商业计划书时，项目团队可以用一个引人入胜的故事来形象地展示项目的应用场景，以吸引投资人。这个故事可以是描述一个业务的具体使用场景、或是让客户感到非常满意的成功项目的再现，或者展示如何能够让项目的实际价值超出客户的预期。

这些故事可以使投资者对计划书产生好感，让他们更加形象地理解这个项目，并认为该项目团队对于项目的推动已经到了可实施的状态。

▶ 项目小结

本章通过商业计划书的撰写原则，以内容与框架、类型和风格、撰写原则以及锤炼写作技巧的方法，介绍了如何撰写商业计划书，并强调商业计划书的重要性。商业计划书的主要内容包括：项目摘要、企业基本情况、企业和团队简介、产品和服务介绍、市场分析和预测、营销策略、财务计划和财务分析、风险评估和对策等。

商业计划书的撰写可以使得创业者系统地思考新创企业的各个影响因素，从而使得创业创意更加具体清晰；商业计划书是新创企业的推销性文本，通过创业计划书向有实力的投资者、创业孵化园、供应商、潜在的合作伙伴以及相关人员和单位展示自我。

为了使商业计划书脱颖而出，并最终获得风险投资人的青睐，创业者要明确自身的能力以及身边的资源，分析自身能够创造出的差异价值，真实地阐明产品与服务占领目标市场的可行性。

复习思考题

1. 创业资源的三大法宝是什么?

2.4W2H 指的是什么?

3. 商业计划书的类型有哪些,其特点又是什么?

4. 商业计划书的主要内容有哪些?

讨论性问题

1. 你的项目是不是一个好的项目,"好"在哪里?。

2. 你认为商业计划书中,最重要的是哪一部分?

3. 如何在计划书中强调亮点?

实践性问题

1. 确定一个创业方向,请根据自己的创业内容,写一份路演型商业计划书。

2. 对自己的创业方向进行风险评估,向其他团队展示可不可行。

3. 举一个创业案例,说明其如何进行市场细分、市场定位和市场营销。

如何用模块讲好商业故事

项目五

学习目标

- 清楚阐述公司的重点和方法。
- 掌握分析和选定目标市场的方法。
- 了解商业模式的意义和设计适合自己的商业模式。
- 清楚阐述产品和服务的重点和方法。
- 了解营销策略设计。
- 清楚组建团队的目的和条件。
- 掌握投资盈利的条件和方法。

项目导读

　　前面讨论了商业计划书里可能会呈现的内容，为了将这些内容进行组合，以便更好地阐述商业创意、展现商业逻辑，你可以尝试以模块的方式，告诉投资人：你的公司是什么样的一个公司？你的目标市场有没有广阔的市场空间？你有没有好的商业模式？产品和服务有优势吗？你怎样赢得客户？你的团队有怎样的实力？投资能带来什么回报？这既能帮助你清晰地思考，也能帮助你回答投资人最关心的问题。

▶ 任务一　介绍公司情况

一、阐述公司的定位和愿景

　　定位体现一个公司的总体战略，即用什么样的产品和服务来征服哪一类消费者；愿景体现公司想走到哪一步，最终目标是什么。

　　冗长的表述容易分散听众的注意力，无法让听众第一时间了解到公司的产品服务，所以公司定位需要简单明了的表述，最好用一句话说清楚公司定位。例如，阿里巴巴的企业定位是"让天下没有难做的生意"；再如，我们耳熟能详的腾讯，其企业定位是"以技术丰富互联网用户的生活"。

明确公司定位是为了确立公司在市场和客户心中的形象和地位，即明确企业生产什么产品来完成对企业的定位。提供什么服务、有什么特色。初创企业可以通过产品定位三要素来完成对企业的定位。

1. 做什么

所谓"做什么"，是指对企业产品进行综合性、概括性的描述，讲清楚它解决了用户哪方面的需要，让用户知道产品的价值。用几个字说明自己做什么，要连篇累牍，比如，喜茶就是卖奶茶的，优衣库就是卖衣服的，不用讲产品是如何制作的，不用阐述服务的流程，更不用像产品说明书一样详细。

2. 做给谁

所谓"做给谁"，即明确产品的用户群。具体有两种方式，即主观设定和客观确定。主观设定是指先确定目标用户，然后再根据目标用户的特征确定产品定位，如爱马仕、宝格丽等奢侈品品牌专注于高端消费人群。客观确定是指通过调查研究，分析用户需求的强度，从而区分不同目标用户群，如手机行业通过新机购买和换购，区分出高端手机用户和中低端手机用户两大类。

3. 做成什么样

所谓"做成什么样"，是指企业需要确定最终的目标是什么，要做到什么范围、什么程度。就像人需要有目标一样，企业也需要有目标，没有目标的企业容易漂浮不定、陷入泥潭。比如初创企业是一个房地产公司，初创之时可以立下一个大概的发展高度，在多少年内力争成为房地产巨头。

企业定位决定了企业其他策略如何实施，如果企业定位不准确，不仅会造成人力、财力、物力的浪费，还可能会错失时机，导致创业失败。比如，淘宝"淘！我喜欢"与京东"多快好省""只为品质生活"，产品定位不同，受众不同，企业的运营方法也会有不同。初创企业要明确企业的定位，并用一句话在商业计划书中阐述清楚。

二、明确公司的方向

要弄明白公司的方向，即明确企业的发展战略。企业战略是对企业各种战略的统称，其中既包括总体战略、竞争战略，也包括营销战略、发展战略、品牌战略、融资战略、技术开发战略、人才开发战略、资源开发战略等。在企业初创时，我们可认为企业战略是一个自上而下的整体性规划过程，并将其分为公司战略、职能战略、业务战略及产品战略等几个层面的内容。

（一）总体战略

总体战略决定了公司整体方向，公司的资源与技术、产品或服务、目标市场和目标客户群体都与总体战略息息相关。总体战略一般包括以下几个类型：防御型战略、稳定型战略、紧缩型战略、混合型战略、进攻型战略、增长型战略。初创企业比较适用的总体战略是进攻型战略和增长型战略。

1. 进攻型战略

进攻型战略是指在一个竞争性的市场上，主动挑战市场竞争对手的战略。采取进攻型战略的既可以是行业的新进入者，也可以是那些寻求改善现有地位的既有公司。进攻型行动的中心可以是一项新技术、一项新开发出来的核心能力、一种具有革新意义的产品，新推出的某些具有吸引力的产品性能特色，以及在产品生产或营销中获得的某种竞争优势，也可以是某种差别化的优势。

2. 增长型战略

增长型战略又称扩张型战略、发展型战略或成长型战略。从企业发展的角度来看，任何成功的企业都应当经历长短不一的增长型战略实施期，因为从本质上说，企业只有采取增长型战略，才能不断地扩大企业规模，使企业从竞争力弱小的小企业发展成为实力雄厚的大企业。增长型战略又可细分为密集型增长战略、一体化增长战略、多元化增长战略。

（二）竞争战略

不能把竞争战略等同于企业战略，竞争战略只是企业战略的一部分。它是在企业总体战略的制约下，指导和管理具体战略经营单位的计划和行动。

1. 成本领先战略

成本领先战略又称低成本战略，是指企业强调以低单位成本为用户提供低价格的产品。这是一种先发制人的战略。

2. 差异化战略

差异化战略是指企业力求顾客广泛重视的、在该行业内独树一帜的一些方面。它选择许多用户重视的一种或多种特质，并赋予其独特的地位以满足顾客的要求。它既可以是先发制人的战略，也可以是后发制人的战略。

3. 集中战略

集中战略是指把经营战略的重点放在一个特定的目标市场上，为特定的地区或特定的购买者集团提供特殊的产品或服务。即指企业集中使用资源，以快于过去的增长速度来增加某种产品的销售额和市场占有率。该战略的前提思想是：企业业务的专一化，能以更高的效率和更好的效果为某一狭窄的细分市场服务，从而超越在较广阔范围内的竞争对手。这样可以避免大而弱的分散投资局面，容易形成企业的核心竞争力。集中化战略可以根据集中化的内容分为：产品集中化战略、顾客集中化战略、地区集中化战略、低占有率集中化战略。集中化战略根据实施方法可分为：单纯集中化、成本集中化、差别集中化和业务集中化等。选择集中化战略的企业应该考虑外部适用条件和内部资源条件。适应集中化战略的条件包括：第一，企业具有完全不同的市场用户群；第二，在相同的目标市场群中，其他竞争对手不打算实行重点集中的战略；第三，由于地理位置、收入水平、消费习惯、社会习俗等因素的不同，将形成专门化市场，这些市场之间的隔离性越强，越有利于专一化战略的实施；第四，行业中各细分部分在规模、成长率、获得能力方面存在很大的差异。

（三）职能战略

职能战略又称职能支持战略，是按照总体战略或业务战略对企业内各方面职能活动进行的谋划。职能战略一般可分为生产运营型战略、资源保障型战略和战略支持型战略。职能战略是为总体战略和业务战略服务的，所以必须与总体战略和业务战略相配合。比如，总体战略确立了差异化的发展方向，要培养创新的核心能力，企业的人力资源战略就必须体现对创新的鼓励；要重视培训，鼓励学习；把创新贡献纳入考核指标体系；在薪酬方面加强对各种创新的奖励。

拓展学习

企业如何制定自己的战略

制定企业发展战略没有固定顺序。一般而言，它要经过战略调查、战略提出、战略咨询、战略决策等四个阶段。

1. 战略调查

战略调查要有宽阔的视野和长远的目光，要抓住企业发展的深层问题和主要问题。战略调查主要搞清以下问题：现实市场需求及潜在市场需求；现实竞争对手及潜在竞争对手；现实生产资源及潜在生产资源；现实自身优势及潜在自身优势；现实核心问题及潜在核心问题。

2. 战略提出

在战略调查基础上要提出企业发展战略草案。企业发展战略草案不需要很具体、很系统、很严谨，但要把核心内容阐述得淋漓尽致。提出企业发展战略草案对有关人员是一次重大考验，要求提出者富有责任心和事业感，富有新思想和大勇气；要求听者虚怀若谷、深思熟虑，不要墨守成规、排新炉异。

3. 战略咨询

为了防止战略失误、提高战略水平，企业在提出发展战略草案之后、确定发展战略之前，需要就整个战略或其中部分问题征求社会有关方面的意见，特别是业内人士和战略专家的意见。鉴于内部能力有限，有些企业委托咨询机构研究企业发展战略。采取这种方式，一定要选好咨询机构。即使采取这种方式，在他们提交研究报告之后，除了内部充分讨论之外，也要再适当征求外部有关方面的意见。

4. 战略决策

战略决策对企业发展具有里程碑意义。为了企业的整体利益和长远利益，在决策企业发展战略时要充分发扬民主，广泛听取各部门意见，尤其是不同意见。企业发展战略应该由企业领导集体决策。

三、公司的发展规划

"谋定而后动，知止方有得。"在确定好公司战略之后，初创企业要为公司发展规划一个基本的时间表，为企业未来的长期生产与发展做出方向性、系统性、全局性定位。可以从公司定位和愿景出发，结合环境分析和公司战略，再根据时间安排做出时间表。下面以四川大学锦城学院学生创业团队 OTS 科技有限责任公司时间表为例。

📝 案例

OTS 科技有限责任公司 2020—2030 年发展规划

OTS 科技有限责任公司主要经营直播街舞教学 APP，公司的愿景：普及街舞文化以及街舞精神，使街舞大众化；以服务、质量领先占有市场，成为相关直播街舞教学的领跑者；为消费者提供优质的直播教学服务，提高用户的满意度和信任度；以创新思想推出一系列的新教学方式和新技术，服务大众。

(一)公司前期战略

1. 以产品开发为核心

为提高开发质量、适应市场需求，先开发产品的主要部分(即直播教学)，然后在产品投入市场运营后，针对用户的需求继续研发后续的功能以及版块，不断满足用户的需求。及时发现并调整产品的缺陷，提升用户体验，通过不断地改进产品，达到稳固用户量的目的。

2. 以市场推广为核心(具体略)

(二)公司中期战略

公司经过几年的发展，已经积累了一定的品牌和资金优势，进入了一个高速成长期，将面临继续做大做强和进一步增加投入开发更多资源的客观需要，鉴于企业资金及渠道能力有限，企业将有限的资金最大限度地投入产品新模块的开发，着力加强产品的推广。

密切关注竞争对手的经营运作和营销策略的变化，采取积极的应对措施，保持市场的领导地位。这一阶段我们以研发和营销作为核心业务。其中研发包括产品的创新实践和行业的统筹技术趋势，而营销将着力于渠道的建设、促销的开展、加大对市场变化的预估、加强应对的反应速度。

（三）公司长期战略

1. 形成核心优势

企业经过前几年的积累，已经形成了自己的核心优势：技术领先，经营能力卓越，拥有大量的用户群体。

2. 尝试与工作室合作

前几年的营销帮我们创立了一个极具价值和潜力的品牌，我们将谋求与部分优质舞蹈工作室合作和交流，达成合作意向，共享资源，实现真正的双赢。其中，工作室主要提供任课老师资源；公司则主要提供工作室的宣传以及现金回馈。实际运作中，我们将以洽谈等方式确定合作的战略伙伴，并对其进行可行性分析（略）。

3. 打通海外市场

企业通过长时间的发展，国内用户群体已趋于饱和，公司将以国内的运营经验以及形成的核心竞争力为基础，着手拓展海外市场。首先引进海外的优质街舞老师，再与海外的优质工作室合作，为产品提供更多的教师用户群体以及学生用户群体，将品牌的知名度提升到前所未有的高度。从上述具体计划可以看出，公司的发展需要规划，一份合理的发展规划时间表就像企业的指路明灯，只要照着规划一步一步往前走，总有一天可以达到目标。

▶ 任务二 呈现市场前景

市场是检验成功的终极标准，只有把握好市场情况，才能获得投资人的信任！因此在商业计划书中的市场分析很重要，如果你的创意没有市场，那就永远只能停留在一个创意而已。

市场调查至关重要！可靠的市场调查以及数据分析是让投资人相信你的商业判断的重要因素，因此在商业计划书中，市场分析这部分要有实在的内容、充分的数据、科学的分析。

为了让投资人确信这个市场容量是足够大的，你可以描述出项目定位行业的市场状况、市场规模、市场趋势、目标顾客特征等。

创业团队要回答好以下三个问题：

①市场在哪里？

②市场有多大？

③竞争情况如何？

一、市场在哪里

这一部分要建立在充分的市场调查和市场分析的基础上，只有对市场有较好的把握，才可能清楚市场机会在哪里。

(一)阐述对"大势所趋"的把握

创业团队应该把握环境的宏观趋势，创业项目应该是"顺势而为"的。不仅要尊重大趋势，并且要选择合适的时间，来得正好的机会才是机会，来得太早或者太晚，都不是机会。创业的时机太早，你可能会变成培育市场的先行者和铺路人，除非有足够的资本撑到市场起来，不然很有可能在半路上就牺牲了。进入的时机太晚，市场上已经有太多竞争者，而且可能已经出现了领导者，错过了能高速发展的时期，项目比较难再做大。

分析环境时，一般使用 PEST 分析法，从政治(Political)、经济(Economic)、社会(Social)和技术(Technological)这四大类影响企业的主要外部环境因素进行分析。

宏观环境分析考验着一个创业者对于机会的敏感性和对趋势的把握度，要观察跟自己项目相关的宏观趋势，然后缩小范围看看这些对自己的目标顾客有什么影响。趋势经常预示着市场的波动，甚至是新兴市场的兴起；趋势可能会显示一个行业的最佳进入时机。创业者要从"趋势"中寻求机会。

(二)阐述对行业的深刻理解

行业的选择很重要，曾经的亚洲首富孙正义，他在 24 岁决定创业那年研究了 40 种行业，想要找出哪种行业最赚钱，最后他选择了投身 IT(信息技术)行业，成了互联网的最早一批投资商。

在做市场分析中，创业者需要对行业进行介绍，介绍的目的有两个：一是让投资人知道，你所选择的行业是非常有潜力的；二是让投资人知道，你对项目所在的行业有很深的了解。

对行业的分析通常会涉及"基本情况分析""一般特征分析""行业结构分析"，要把握自己的产品是在产业的上游、中游还是下游，要清楚行业的竞争重点和行业准入标准。在商业上，外行是很危险的。只有"懂行"，才能准确地把握行业的发展情况以及在生命周期中所在的位置，从而做出准确判断。

(三)阐述对市场痛点的洞察

在市场分析中，要准确地定位自己的目标顾客。准确的顾客画像对研发符合客户需求的产品至关重要，也是后面整个营销方案的起点和基础。因此，将详细的顾客描述植入商业计划书是非常必要的，它能证明项目商业逻辑的说服力。

定位了目标客户，就可以以他们的需求来对照分析市场需求点，分析市场中有哪些没有被解决的问题。在思考和研判市场需求时，还要考虑这些需求是属于刚性需求还是一般需求，是属于紧迫需求还是属于潜在需求。如果确实存在刚性和紧迫的需求，那就可能是一个好的机会点；如果是潜在需求，那就不要急于马上启动这个项目，目前可能并不是进入的最好时机。

二、市场有多大

(一)介绍市场的体量

在商业计划书中，市场空间是投资者高度关注的点，一定要写清楚调查和分析后的市场概况和市场容量情况。如果一个创业项目市场空间不大，那么这个项目就做不大。在找到市场需求之后，要从直接市场、间接市场、潜在市场和培育市场的角度去分析未来项目的市场空间有多大，市场容量是千万级、亿级、十亿级还是百亿级的。十亿级以上的市场算是比较大的市场容量，就算有很多竞争者同时做类似的项目，每个参与者也都能做到上亿的营收。而如果市场空间总体的体量不大，再加上有很多竞争者，那注定这个市场中的项目规模是做不大的，其吸引力自然要大打折扣，因此也就很难获得投资人的青睐。

在创业大赛中，好多同学喜欢做校园内的项目，如代取快递这一类的，觉得自己比较熟悉的创业环境更容易做成功。然而这样的项目受限于所在学校的学生规模，每单成交额也不高，销售额的天花板非常低。这样的项目可以作为社会实践和勤工助学的一个途径，但由于市场空间不大，因而不会引发投资人的兴趣。

(二)说明能产生足够数量的付费用户

有学者说，企业成功的唯一充分必要条件是付费客户，不仅有付费客户，而且有足够数量的付费用户。也就是意味着，你的目标客户不仅是有需求的人，而且是有支付意愿的人。

创业者需要通过调研、探索、验证找到自己的目标顾客，搞清楚他们的需求以及他们在哪里，定位好细分市场并且估算消费群体的规模，评估他们的消费意愿、消费力以及发展趋势。

在说明市场规模时，引用官方或者专业调研机构的行业报告是最有说服力的；

而在说明目标顾客时，可能就需要提供一些通过自己调研掌握的一手资料。

总而言之，创业者应该通过实际调查、与行业人士和投资人交流等方式，对自己的市场有个科学的预测，才能给自己的实际创业做出合理的参考。

三、同行业竞争情况如何

在商业计划中，对竞品的分析是所有相关利益人都十分关注的内容。

（一）找到对标的竞争对手

做市场分析的时候，要认真调研市场上到底有没有对手。如果你发现自己没有竞争者，那会是一个非常危险的信号，可能说明你对市场的研究非常不深入。你绝不会是第一个发现市场的人，先想想对手在哪里，他们为什么做得好，或者他们为什么"死"了。

竞争对手分析中要分析出已经存在的竞争对手的数量，并着重对排名比较靠前的竞争对手进行详细分析。竞品分析时，辨认出自己真正的竞争对手很重要，不仅项目上要对标，而且还要围绕一些具体内容去对比，比如从产品设计、生产工艺、制造成本、销售渠道、产品售价、生产能力等多方面进行对比，从而评判出自己做这个项目在哪方面可以有真正的优势。

（二）别忘记关注替代性对手

在确定竞争对手的时候，要跳出固有思维模式，不要只找那些提供与你公司相同的产品或服务的公司，还要分析替代性对手。比如ATM行业没有想到取代自己的不是更好的ATM，而是无现金消费习惯的形成。路边餐馆没想到影响自己生意的是外卖；线下教育培训机构最大的威胁也许不是同城对手，而是网上形成品牌号召力的同类机构，甚至是不同类机构。

在做竞品分析时，要多方面拓宽自己的情报来源，可以通过各种关系网获得竞品信息，比如通过专业的投资人、行业供应商、渠道商等获得信息；也可以通过展销会、卖场观察、与潜在顾客交谈等方式获得更加客观的一手信息。

案例

两个推销员

两家鞋业制造公司分别派出了一名业务员去开拓市场，一个叫杰克逊，一个叫板井。在同一天，他们两个人来到了南太平洋的一个岛国，到达当日，他们就发现当地人全都赤足，不穿鞋！从国王到贫民、从僧侣到贵妇，竟然无人穿鞋子。

当晚，杰克逊向国内总部老板拍了一封电报："上帝呀，这里的人从不穿鞋子，有谁还会买鞋子？我明天就回去。"

板井也向国内公司总部拍了一封电报："太好了！这里的人都不穿鞋。我决定把家搬来，在此长期驻扎下去！"两年后，这里的人都穿上了鞋子……

营销启示：许多人常常抱怨难以开拓新市场，事实是新市场就在你的面前，只不过你怎样发现这个市场而已。

（摘自知乎网：https：//zhuanlan.zhihu.com/p/80610423）

▶ 任务三　设计商业模式

商业模式常常是创业者和投资者经常挂在嘴边的一个词。创业者的一个主要任务就是探索并建立与机会相适配的商业模式。在商业计划书中，你可能也需要回答你的商业模式是什么。

实际上商业模式是一个非常宽泛的概念，没有统一的定义，有人认为是盈利模式，即赚钱的方式；有人认为是企业与企业之间、企业的各部门之间、企业与顾客之间、企业与渠道之间存在的各种各样的交易关系和连接方式；有人认为是一种商业逻辑，或是一种解决方案……在学界和商界对商业模式有很多不同的定义和诠释。在传统的成熟行业中，投资人并没有那么关心商业模式，比如投资人投资一家餐馆，不会担心餐馆如何赚钱，而是担心能赚多少钱，担心会不会亏本。但在初创企业的项目中，尤其是在当今互联网经济环境下，几乎所有的东西都是新的，创新产品、创新服务、新的业务流程……越来越多的新模式涌现出来，使得大家不得不关注商业模式的创新和风险。

一、商业模式要解决什么问题

任何一种商业模式都是一个由客户价值、企业资源和能力、盈利方式构成的三维立体模式。在哈佛大学教授约翰逊（Mark Johnson）、克里斯坦森（Clayton Christensen）和 SAP 公司的 CEO 孔翰宁（Henning Kagermann）共同撰写的《商业模式创新白皮书》中把这三个要素做了概括："客户价值主张"，指在一个既定价格上，企业向其客户或消费者提供服务或产品时所需完成的任务；"资源和生产过程"，即支持客户价值主张和盈利模式的具体经营模式；"盈利方式"，即企业用以为股东实现经济价值的过程。这三要素提示了商业模式需要解决的问题。

（一）如何为顾客创造价值

你的商业模式必须要满足顾客的需求，解决顾客的问题。成功的企业必须看到每一种购买行为背后的购买需求，以及需求后面潜藏的更多隐秘需求。卓越的企业最卓越的能力之一，就是对顾客需求的还原能力。这种被充分还原的需求，就是顾客价值主张。企业要得到长久的发展，必须向顾客提供同类产品难以模仿的价值。

(二)设计能传递顾客价值的业务模式

为了更好地将价值传递给消费者，就需要设计能实现客户价值的业务模式，同时谋求实现这种价值主张的资源和能力。没有资源和能力作为支撑，就难以形成商业模式，尤其是难以实现可持续、可盈利的收入流。

(三)企业如何实现盈利

虽然商业模式不等于盈利模式，但是盈利是企业的生存之本。因此在设计商业模式时，创业团队需要认真梳理和设计自己的收入模式和成本模式，确保企业能从自己的业务中获利。

每个项目团队必须明确收入来源如何产生，并且把收入来源进行分解，分解得越细，越能够清楚自己的业务应该如何开展，也才能够明白自己如何增加每一种收入。而增加不同的收入类别会导致项目的经营策略发生改变。

成本模式显示你怎么利用资源去获得收入，通常包括销售和经营费用。创业者了解自己的成本结构非常重要，同样需要把自己的成本进行细分，再对比不同的投入所对应的产出。这种对比可以让创业者做出以更低的成本获得更多收入的决策。

二、商业模式的设计框架

对于构建商业模式的逻辑，目前学者们提出了二要素、四要素、六要素、七维、九要素等多种模型，创业者都可以借鉴。下面介绍一中一外两种模型供读者参考。

(一)魏朱六要素商业模式模型

按魏朱理论定义：商业模式包括定位、业务系统、关键资源能力、盈利模式、现金流结构和企业价值六个方面，六个方面相互影响，构成有机的商业模式体系，如图5-1所示。

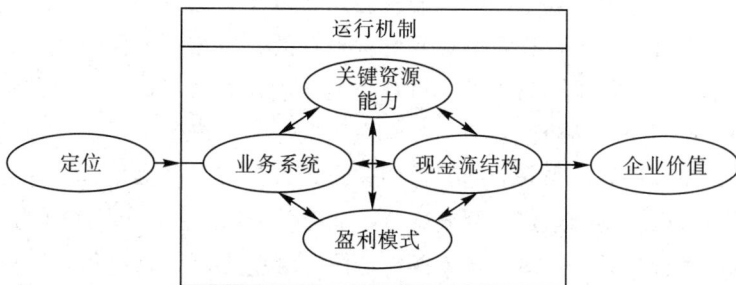

图5-1　魏朱六要素商业模式模型

1．六要素

（1）定位

定位是指企业应该做什么，它决定了企业应该提供具有什么特征的产品和服务来实现客户的价值。定位是企业战略选择的结果，也是商业模式体系中其他有机部分的起点。

（2）业务系统

业务系统是指企业达成定位所需要的业务环节、各合作伙伴扮演的角色以及利益相关者合作与交易的方式和内容。业务系统是商业模式的核心。

（3）关键资源能力

关键资源能力是让业务系统运转所需要的重要的资源和能力。

（4）盈利模式

盈利模式主要指企业的收支来源和收支方式。收支来源即谁给谁钱，收支方式包括固定性质的租金、剩余性质的价差、分成性质的佣金，以及拍卖、顾客定价、组合计价等等。

（5）现金流结构

现金流结构是指这个交易结构在时间点上的流入、流出的结构、比例和在时间序列上的分布。

（6）企业价值

企业价值，即企业的投资价值，是企业预期未来可以产生的自由现金流的贴现值。

2．六要素商业模式的设计步骤

了解了魏朱六要素商业模式模型，我们就可以进行商业模式的设计，一般分五个步骤。

第一步：行业扫描。行业扫描是针对企业自身、竞争对手、标杆企业，使用"魏朱商业模式六要素画布"分别进行描述。

第二步：模式分析。通过扫描，我们可以发现自身或者竞争对手现有的模式存在哪些痛点和盲点，哪些创造、改进的机会点。具体办法有"三镜"：广角镜、多棱镜和聚焦镜。通过广角镜，让我们发现更多潜在的利益相关方和潜在的支持交易的技术；通过多棱镜，从不同的角度去审视企业的利益相关者；通过聚焦镜，重组利益相关方和它们的交易结构。

第三步：模式设计。当我们把利益相关方以及其资源能力挖掘出来之后，就商业模式模型，进行重新排列、组合或构造，从而设计出一些创新的商业模式方案。

第四步：评价决策。针对备选方案，从两个维度进行评价决策。第一个维度是结果类的评价指标，比如新商业模式企业的投资回报率、收入增长率或者利润增长率、用户增长率及用户规模等。第二个维度是过程类的评价指标，包括利益相关方参与的动力、投入度、资源能力以及其资源的利用效率等等。通过这样评价，我们就可以从诸多备选方案当中选择一个相对较好的商业模式。

第五步：执行反馈。一般来说，构建一个全新的商业模式，建议先进行小规模的实验，并将实验验证成功的模式进行放大和大规模的复制。

(二)九要素商业模式画布

商业模式画布是一种能够帮助团队催生创意、降低猜测、确保找对目标用户、合理解决问题的工具。我们做任何产品都希望它能活下去，而要活下去就必须有商业模式。在当今互联网时代，商业模式不再是随便拍脑袋就能想得到的，这时商业模式画布能够有效地帮你进行分析。九要素商业模式画布如图5-2所示。

关键合作伙伴 谁能成为我的合作伙伴？	关键活动 商业模式落地需要做的最重要的事有哪些？ 资源如何安排？	价值主张 对目标客户的价值定位是什么？ 解决客户难题需求的产品和服务是什么？	客户关系 如何在每一个客户的细分市场建立和维系客户关系？	客户细分 我能帮助、服务哪些消费者群体？（年龄？地域？消费水平？）
	关键资源 我是谁？ 我有什么资源？		渠道通路 怎样通过沟通、分销和销售渠道向客户宣传和交付产品与服务？	
成本结构 运作这个商业模式，会发生的所有成本有哪些？			收入来源 能从每个目标客户身上换取哪些主要收入？	

图5-2　九要素商业模式画布

- 客户细分：产品的核心用户群体。
- 价值主张：产品能提供给核心用户的核心价值、核心需求。
- 渠道通路：如何将产品送达用户。
- 关键业务：直接制造产品、问题解决、平台/网络等。
- 收入来源：产品的收益方式，如流量变现、游戏、电商等。
- 关键资源：资金、人才、技术、渠道。
- 成本结构：创造产品的投入资源，如资金、人力等。
- 重要伙伴：商业链路上的伙伴，如产品方和渠道方。
- 客户关系：产品和用户的关系。

运用商业模式画布的九要素时，不能随心所欲地填写，而是要按照规定顺序使用。首先要了解目标用户群(客户细分)，然后确定他们的需求(价值主张)，如何接触到用户(渠道通路)，制作怎样的业务(关键业务)，怎么获取收入(收入来源)，凭借什么筹码实现盈利（关键资源），投入产出比（成本结构），能向你伸出援手的人（重要伙伴），以及维护客户关系。

三、商业模式成功的特征

长期从事商业模式研究和咨询的公司认为，成功的商业模式具有四个特征。

第一，成功的商业模式要能提供独特价值。有时候这个独特的价值可能是新的思想，而更多的时候，它往往是产品和服务的独特组合。这种组合要么可以向客户提供额外的价值；要么可以让客户用更低的价格获得同样的利益，或者用同样的价格获得更多的利益。

第二，商业模式是难以模仿的。企业通过确立自己的与众不同，如对客户的悉心照顾、无与伦比的实施能力等，来提高行业的进入门槛，从而保证利润来源不受侵犯。比如，直销模式（仅凭"直销"一点，还不能称其为一个商业模式），人人都知道其如何运作，也都知道戴尔公司是直销的标杆，但很难复制戴尔的模式，原因在于"直销"的背后，是一套完整的、极难复制的资源和生产流程。

第三，成功的商业模式是脚踏实地的。企业要做到量入为出、收支平衡。这个看似不言而喻的道理，要想年复一年、日复一日地做到却并不容易。现实当中的很多企业，不管是传统企业还是新型企业，对于自己的钱从何处赚来，为什么客户看中自己企业的产品和服务，乃至有多少客户实际上不能为企业带来利润、反而在侵蚀企业的收入等关键问题，都不甚了解。

第四，重构整个生态系统圈。海量的产品和企业在平台上大规模、生态化聚集，可以大幅度降低企业的协作成本，并创造出一个竞争力足以与大企业相比拟且灵活性更胜一筹的商业生态集群，在这种协同模式下，商业的进入成本和创新成本都会得到明显的降低。

不难看出，商业模式的创新并没有一成不变的规律可循，而是要根据不同时代、不同市场的特性进行分析与决策。初创企业一定要结合市场、行业以及企业自身的定位和战略，设计出属于自己的商业模式。

四、常见的商业模式

创业者在设计自己的商业模式时，可以借鉴成功的商业模式并在此基础上进行创新，当然也可以自己发明一套商业模式。

不同的企业会因其业务和专长不同而采用不同的商业模式，其资源组合也会呈现出不同的偏重。有的企业会注重在营销环节的开发和投入；有的着重围绕销售渠道；有的通过运营强势的品牌而获得品牌溢价；有的则以研发为主导。

下面列举一些常见的商业模式。

交叉补贴模式：就是通过某件不收费的产品或服务吸引消费者，同时刺激消费者对另一样付费商品的兴趣。例如使用百度网盘是免费的，但如果想要更大的储存容量就需要付费。

第三方支付模式：找到第三方与自己共同承担产品的生产成本。这是一种整合营销的方式，整合那些有潜在消费需求的客户资源。例如广播和电视对于听众和观众免费，靠广告商获得利润。

客户解决方案模式：为自己的客户解决问题，比如不仅卖菜，还要卖按照菜单配好的菜；不仅卖地板，还负责安装；不仅卖家装设计方案，还挑选适合的家具。

客户端模式：通过免费吸引用户，然后靠一个平台的客户端圈住用户，再提供付费服务从用户身上赚到钱，或者以庞大的用户优势从其他企业那里赚到钱。腾讯、奇虎 360 等都是这样的模式。

众包模式：把传统上由企业内部员工承担的工作，通过互联网以自由自愿的形式转交给企业外部的大众群体来完成。在这一过程中，企业只需要为贡献者支付少量报酬，有时甚至完全免费。比如很多城市的交通台播报的路况信息，都是由众多司机自愿参与并主动报告的。

共享模式：以获得一定报酬为主要目的，基于陌生人且存在物品使用权暂时转移的一种新的经济模式。如共享单车、共享充电宝等都是这类模式。

平台模式：这种模式为买卖双方提供交易撮合的中间平台，让拥有不同资源的经营者集合到一起来进行交易，比如阿里巴巴连接了供应商和销售商，前程无忧连接了企业和求职者。

直销模式：生产商不经过中间商，而是直接把商品销售到顾客手中，从而减少中间环节和销售成本。

IP 模式：IP 是一种知识产权，能够凭借自身的吸引力，在多个平台上获得流量，进行分发的内容。IP 模式一般先打造一个 IP 角色，爆红后，围绕这个 IP 角色推出影视、游戏、图书、服装等各种产品，所以很多人也把 IP 经济称为粉丝经济。

虚拟经营模式：虚拟经营是指企业在组织上突破有形的界限，虽有生产、行销、设计、财务等功能，但企业体内却没有完整地执行这些功能。比如耐克没有一家自己的工厂，生产部分全部委托给劳动力成本低廉的企业代工，公司只负责产品设计和市场营销。

授权商业模式：技术许可企业向技术受许可企业提供所必需的专利商标或专有技术的使用权以及产品的制造权和销售权，受许可企业向技术许可企业支付使用费并承担保守秘密等义务，这样的模式称为技术授权商业模式。这样的企业一般拥有行业必需的高精尖技术，比如微软、ARM 公司。

✍ **案例**

深圳地铁"站点＋街区"商业模式

深圳地铁以车站为依托，主要针对不同施工工法下形成的自然空间，进行商业化开发和改造，由多家商铺连接在一起，构成围绕地铁人流动线的地下物业区。每个物业区的面积不定，根据风水电等工程预留条件，也会有业态的差异化，商业空间主要是快销模式，基本消费人群以年轻化为主，覆盖基础类快消费。该类空间与地铁的关系非常密切，且仅与某一站点相连，如深圳地铁的市民中心、固成、大剧院等物业区便是该类模式。

不与地铁线网同步建设运营，后期再根据需要进行商业化开发改造，应用商业模式。经过比较，主动建立模式的效果，不仅节约大量成本，并且产生的商业收益也更加明显

（摘自深圳地铁"站点＋街区"商业模式研究：https：//cdmd.cnki.com.cn/Article/CDMD－10732－1021137598.htm)」

▶ 任务四 阐述产品和服务优势

在商业计划书中详尽地阐述产品和服务是非常重要的，要将自己的产品和服务与现有的产品和服务进行对比，说明自己的产品和服务的创新点在哪里，核心竞争力是什么，尽量将其优势体现出来。

具体阐述何为创新点之前，我们首先需要明确：什么是产品？什么是创新？产品的样式多种多样，有实物产品、软件产品，还可以是一项服务或者是一个解决问题的方案。进行产品和服务介绍时，可以从以下几个方面着手：①设计背景。②有哪些产品？如何设置和分类？③如何组合成为业务模式？④产品执行的技术标准。

一、阐述产品竞争优势的几个维度

(一)优势竞争产品三要素：成本、效率、用户体验

有人根据创业经历总结了一个"一拖三"规律，其中一是团队，其他三点分别是用户体验、成本和效率。如果创业团队能做好这一规律中的四个基本点，就能取得成功。以 IBM 为例，这家 PC 时代的巨头正是因为找准了企业级软件和服务的市场，并做好了用户体验才成功转型的。

"一拖三"定律同时也是判断商业创新较好的方式，在有优秀团队的基础上，只

要做到用户体验、成本或者效率三者中的一点，同时另外两点又没有减损的情况下，基本上就可以成功。

1. 成本

成本控制是企业运营的关键。在相同条件下，成本更低的企业肯定会更受市场的青睐。成本低了，企业也会有更大的用户数、生存空间和利润空间。

对于商业流程复杂的产品，可以从多方面削减成本。例如，生产成本以外，还可以通过技术进步来大幅降低生产边际成本；也可以开发新渠道，让旧有渠道成本大幅下降。以瓜子二手车为例，"没有中间商赚差价，卖家多卖钱，买家少花钱。"这句广告词很直白地表现出没有中间商的价值，减少交易次数，缩短供应链长度，让买家与卖家直接面对面，改变了原有的中间商囤货买卖的渠道模式。

2. 效率

高效率是企业保有竞争力和适应能力的必要条件，也是企业维持高速发展的重要武器。以零售行业为例，其重要指标之一"库存周转天数"便是企业效率的直接体现。京东快速崛起的秘诀之一，是将原有大型零售公司 60～70 天的库存周转天数，通过各种手段缩短至 30 天。这不仅削减了库存成本，也为开展其他业务留出了时间。

3. 用户体验

获得用户忠诚度的最好方式是为其提供超预期的用户体验。人一旦接受过好的体验，便很难再去接受相对较差的一些体验，也愿意为此付出一定程度的溢价。以各种优惠活动或补贴获得的用户，其"背叛成本"非常低，一旦没了优惠或者其他公司有更大的优惠后便会离开，并不利于企业的发展。

还是以京东为例，快速到货的优质用户体验让其斩获无数忠实用户，更在淘宝以外找到了自己的位置。海底捞同样也因为非常到位的服务体验，让顾客忽略了平时更看重的味道。但打造用户体验也需要理性，不能罔顾成本而一味追求用户体验，否则还没有留住客户，自己的资金链就先断裂了。创业者需要好好把握这几点平衡。

(二)竞品分析：与现有产品相比优势在哪里

问题 1：你的目的是什么？你到底需要分析什么？

研究一款产品时，可以从行业现状和格局、需求场景、业务形态＋业务流程、功能架构、交互体验 & 页面 UI、数据表现、迭代路径、运营路径等多方面入手，如图 5-3 所示。但做竞品分析时，则应该结合不同的目的聚焦不同的方面进行研究和比对，不能不管三七二十一，上来就把所有的信息都罗列一遍，那样很可能就会导致所罗列的信息成为无效信息。

问题 2：我们该如何选择竞品？

可以选择以下的竞品进行分析：

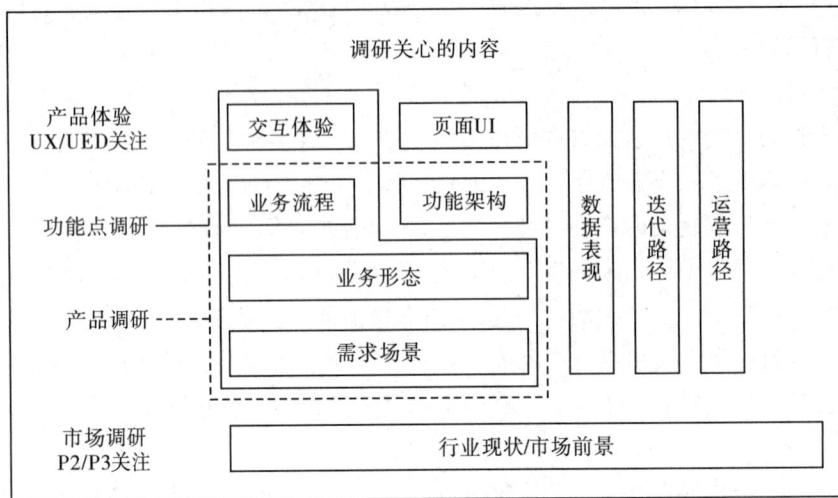

图 5-3　产品相关要素

・核心服务和核心用户都基本相同的产品；

・核心用户群高度相同，暂时不提供我们的核心功能与服务，但可能通过后期升级很容易加上相关功能的产品；

・目标人群可能不太相同，但某些产品功能模块和服务流程比较相近的产品；

・目标人群有一定共性，产品提供的核心服务不太一样，但在特定场景下对于同一类用户需求和用户的使用时间形成挤占的产品；

・核心目标用户是同一类人，但满足的需求不同，也不太会形成竞争关系的产品。

问题 3：明确目的，选择好竞品后，该如何收集资料与信息？

竞品的资料收集大致可以包括下列内容，具体操作过程中可以根据实际需求进行增减。

・行业现状、市场格局等；

・产品的数据表现和版本迭代情况；

・产品的运营事件和运营信息；

・产品的业务逻辑和业务流程梳理。

问题 4：完成了信息收集，接下来到底要怎样在竞品间进行分析？可从如下角度进行分析：

・对比产品的数据表现、市场认可程度；

・对比产品的业务模式、业务逻辑之间的差异；

・研究产品基因对产品产生的影响；

・对比产品结构和用户使用流程；

・对比产品的交互设计；

- 对比双方的运营策略；
- 对比产品的版本迭代和演化路径。

(三)差异化竞争：做最能占领用户心智的产品

很多创业企业认为：做品牌是大企业的事情，品牌是一种奢侈品，是大公司的专利，只有大量投入广告才能建立品牌。新创企业因为资金不足，当前最关键的问题是销量，等积累足够资本以后再去考虑品牌。其实，这是新创企业对品牌认知的误区，也违背了品牌发展的规律。

产品竞争的最终目标就是能占领用户的心智。"竞争的基本单位是产品的品牌"，因为对于大多数顾客来说，企业的概念太过复杂，他们熟悉的是日常生活中能见到听到的"品牌"。无论是实体产品还是非实体产品，对于一家企业而言，做产品归根结底还是在做品牌。企业的核心价值通过品牌来体现，消费者记住的往往是品牌的名字而非生产商的名字。

大多数人都是因为使用 Windows 的系统软件才知道微软；在淘宝上购物才知道阿里巴巴；提起今日头条，大家都知道这是一款资讯类的阅读软件，而不知生产它的企业叫字节跳动。很多公司都是凭借消费者耳熟能详的产品，打造出自己的商业品牌，占领用户的心智。

"可口可乐"可谓是品牌中的典范，自 1988 年诞生起便深受消费者欢迎且经久不衰，其品牌名字也是企业的名字。对于可口可乐公司而言，可口可乐这个品牌本身就具有市场吸引力，能够被市场认可，已经成功占领了消费者的心智；而其他的工厂、设备甚至可口可乐的配方都没有这个品牌的名字有价值。

做好品牌定位，精准匹配用户群，是企业实现价值的有效途径。消费者在购买产品时，最先考虑的就是产品的品牌。比如，提到方便面我们会想到康师傅；提到手机我们会想到苹果、华为、小米；提到矿泉水我们会想到农夫山泉、百岁山。在消费者眼中，品牌承担了产品的绝大部分的价值，可以在购买过程中降低顾客的信任成本，唤起用户心中对品牌的熟悉感。

找准产品定位以后，还要进一步加强产品与同质类产品的差异化。如果你的产品市场销量好，就可以用数字把你的销售量表达出来。比如，大家在逛淘宝买东西的时候，总会留意一下这件产品的成交量是多少。如果你的产品在市场上供不应求，那对投资人和顾客都有很大的吸引力。如果你的产品是某一个品类的开创者，在你之前市场上没有这件东西，那么仅凭借前无古人这一点，你的产品就已经足够吸引人了。如果你的产品是年代感很强的老字号，或者一代人的儿时记忆，则可以把消费者的怀旧心理作为卖点。

二、凭什么你能笑到最后

(一)面对当下竞争对手与巨头的生存之道

相信很多创业者都会发现，初创企业的市场形势越来越严峻，不止大的市场，就连很多细分市场都已经被大公司所占据。那么，初创企业应该如何参与当下的市场竞争，在巨头林立的市场环境下占据一席之地呢？有三个方面的策略可以学习：第一，走与商业巨头有差异的差异化之路；第二，借力于商业巨头；第三，进行产品或技术创新。

1. 差异化

在公司成立之初，决定未来方向之时，初创企业可以选择避免与巨头直接竞争。具体来说可以从以下两个方面入手。

(1)选择与大公司存在差异的业务领域

例如，在互联网领域有许多大公司，互联网企业在创业时很难避开百度、阿里巴巴、腾讯(以下简称BAT)，但可以垂直划分互联网行业并专注于垂直市场。近年来，中国发展起来的互联网公司就已经开始走上这条道路。如聚美优品，实际上是一家电子商务公司，最初专注于垂直销售，即商品销售。通过开发一个专注于女性的电子商务平台，发展速度非常快。因此，在创业早期，特别是互联网行业，专注于垂直领域，成功的可能性非常高。

另外，可以关注O2O(线上线下联合营销)。O2O是一个热点，许多大型平台的离线活动基本上都很小，如果想加入这个行业的竞争，可以将线下的业务做大，避开大平台的锋芒，在竞争对手和行业巨头当中获得生存空间。

(2)制造差异化的产品和服务

与行业巨头竞争，只要产品和服务有一定的差异，就会有生存和发展的空间。以陌陌和YY为例，陌陌是面对陌生人的社交平台，微信则是面对熟人的社交平台，陌陌通过服务的差异化避开了与腾讯的竞争。YY是一款为游戏用户提供语言聊天的工具，事实上，腾讯也曾涉足这一领域，但不知为何中途停止了，等它再想继续做的时候，YY已经发展成为一个比较好的平台，用户的覆盖率高达70%。因此，做行业巨头不做的市场空白，将这片空白做到极致，也可以获得一定的生存空间。

2. 借力商业巨头

利用商业巨头的巨大影响力帮助企业获得生存空间。这里的借力有两个方面，一是做商业巨头的配套，以避免直接竞争。在中国商业战争史上有一个非常有趣的案例，那就是华为和港湾的战争。港湾的创始人之前是华为公司的技术高管，后来离开华为自主创业成立了港湾，在华为一系列竞争压制下，该公司的发展受到了限制，随后与华为达成了合并意向，最终回归华为。因此，避免与商业巨头直接竞争，不要以卵击石，做大公司的供货商，规模和效益也很好。

另一种借力是做行业巨头的产品服务商。例如，可以为大型的游戏公司做加速服务器。选择一条和巨头合作的路，可以打败竞争对手，在巨头的庇护下得以生存，还可以做巨头的朋友。现在 BAT 和很多大行业的竞争都非常激烈，如果你的竞争对手是 BAT 的敌人，那你就成为 BAT 的朋友。一个典型的案例就是金山网络，2016 年 360 安全卫士以免费的模式迅速把市场做大，金山的市场份额被抢占不少，同时 360 安全卫士开始了与 BAT 的竞争。这个过程中，腾讯和百度为了打击 360 安全卫士，决定扶持金山，给金山注入大量资金，才有了金山现在的发展。

所以在创业初期，可以选择做商业巨头的小兄弟，先发展壮大，再垂直发展，这样的风险会小很多；或者借助巨头之间的竞争，寻找机遇坐收渔翁之利。

3. 创新

初创企业最终的战略是创新，包括微创新、颠覆性创新和原创。

微创新最适合初次创业的企业，原创和颠覆性创新的技术要求对于技术还不够完善的初创公司，太过困难。微小的技术创新将为业务发展提供更大的机会。持续创新的能力也是创业型企业必须具备的基本生产能力。

颠覆性创新和原创最好是针对成熟的商业市场。因为很多商品做得很好却没有顾客，颠覆性创新和原创也有这样的风险。

做好了这三点，初创企业也可以打败对手，在巨头林立的市场竞争下获得生存的空间。企业得以生存的根基就是企业的生存优势，创业者在撰写商业计划书时要将这种生存优势体现出来。

(二)大量竞争对手涌入后如何保持优势

不断地学习是公司提高核心竞争力最基本、最有效的方法。荷兰皇家壳牌公司的规划总监曾经说过这样一段话：当今世界上最大甚至是唯一的竞争优势，就是能够比竞争对手更快地学习。无论公司过去的成就多么辉煌，一旦停止学习，知识和能力就会不断老化和退化，这将导致企业在市场上逐渐被边缘化。无论公司是自我发展或共同开发，还是通过技术、人才、联盟合作，或是从知识产品市场获得关键技术和技能，都可以逐渐形成企业的整体核心竞争力，在这个过程中持续学习发挥着重要作用。

为了在大量竞争对手涌入后依然保持竞争优势，企业要对市场的发展趋势有一个准确的把握，为创建、强化核心竞争力而不懈努力。核心竞争力的建立不能"一蹴而就"，需要不断地改进和积累才能使其高涨。可以通过企业的重组和积累，实现核心竞争力的培养和发展。栽培过程主要有三个阶段：一是发展构成核心竞争力的专业知识和技能。二是整合这些专业知识和技能建立核心竞争力。三是发展核心产品市场。市场是实现竞争优势的战场，核心产品所占的市场份额比最终产品所占市场份额意义更大。

培养核心竞争力的方法有三种：演化法、孕育法和合并法。演化法是指团队的领导选择模式，所有员工向着一个目标努力工作，力图在合理的时间内建立核心竞争力；孕育法要求企业成立专门小组，全力冲击企业选择的目标，在 2—3 年内培养出企业的核心竞争力；合并法是首先选择理想的核心竞争力，然后并购有这样能力的企业。

案例

苹果的核心竞争优势和启示

苹果公司是美国的一家高科技公司，在高科技企业中以创新而闻名，设计并全新打造了 iPod、iTunes 和 Mac 笔记本电脑和台式电脑、OSX 操作系统，以及革命性的 iPhone 和 iPad。苹果公司已连续三年成为全球市值最大公司，在 2012 年曾经创下 6235 亿美元记录，在 2013 年后因企业市值缩水 24% 为 4779 亿美元，但苹果仍然是全球市值最大的公司。

核心竞争力。这是能为企业带来相对竞争对手的竞争优势的资源和能力，它来源于企业的资源和能力，帮助企业从激烈的竞争中脱颖而出，同时反映出企业的特性，通过核心竞争力，企业使自己的产品和服务为顾客创造出更多的价值。核心竞争力有四个标准，它们也称作核心竞争力的四种战略力量，即有价值的能力、稀有的能力、难以模仿的能力和不可替代的能力。竞争优势是使企业获得领先地位，从而进行有效竞争并实现自己目标的一些因素和特征。

有价值的能力。苹果公司将新时代条件下的个性化信息通过一种品牌理念表现出来，苹果公司懂得如何运用品牌、理念和出色的设计来展现它的价值。品牌是企业核心竞争力的外在表现，品牌定位是一种价值定位，从顾客的角度，立足于市场，说服顾客并赢得顾客，努力满足目标顾客心理需求并产生共识。因此品牌是苹果公司最具有价值的资产。

稀有能力。苹果公司将自己的内部资源集中在苹果磁盘操作系统以及支持宏指令软件上面，赋予苹果产品独一无二的外貌、感觉以及开放的结构。而这种开放的结构又因独立的软件商编写的各种软件而使苹果产品获得无与伦比的强大功能，苹果简洁的组织结构，与那些大型计算机生产商相比，享有三倍的资本营业额和最高的市场价值。

难以模仿的能力。苹果公司应用全新的思维建立适应未来的战略，取代传统对策战略模式，进入一个崭新的经营环境。苹果公司的战略的精髓在于创新，着重于三个方面的考虑制定战略：企业自身的资源条件、顾客需求和竞争优势。苹果公司从软件到硬件，从设计到制作，从运营到价值链的整体创新形成了苹果的核心竞争力，拥有难以模仿的能力。

不可替代的能力。随着 IT 行业内企业之间竞争趋势高涨，企业核心竞争力的培育和提升成为 IT 企业持续获得竞争优势的关键因素。苹果公司作为全球 IT 行业的领先者，运用产品创新、技术创新和管理创新来构建它的核心竞争力，并成功地在外部竞争激烈的环境中获得优势地位。

只有持续的发展有价值的、稀有的、难以模仿的以及不可替代的能力，才能获得持久的竞争优势。因此可以说苹果公司的核心竞争力对企业成功起到关键作用。

（摘自豆丁网：https：//www.docin.com/p-1454583552.html）

三、产品通过什么来赚钱

一个企业要生存和发展，必须选择一个适合自己的盈利模式。各行业的宏观和微观经济环境都处于不断变化之中，没有哪种特定的盈利模式能够保证在各种条件下都有好的效果。美国埃森哲咨询公司对 70 家企业的盈利模式做了研究分析，发现没有一种始终正确的盈利模式，但发现成功的盈利模式至少具有价值独特、难以模仿、脚踏实地等共同的特点。可以说成功的盈利模式必须能够突出一个企业不同于其他企业的独特性。优秀的盈利模式是丰富和细致的，并且它的各个部分要互相支持和促进，改变其中任何一个部分，它就会变成另外一种模式。

事实上，在商海沉浮中摸爬滚打的企业家们，更加具有洞察力，早就发现了这个秘密，并且对此进行了总结："一流的企业卖标准，二流的企业卖品牌，三流的企业卖产品。"或"一流的企业卖标准，二流的企业卖专利，三流的企业卖服务，四流的企业卖产品。"将这些说法融会贯通并稍加完善，便得到了盈利模式的五大类型，即"卖产品""卖服务""卖文化""卖投资（卖发财）"和"卖资质（卖标准）"。

盈利模式的这种分类，既来自实践的总结，也是与价值形态的历史演进趋势、商业社会的历史发展趋势高度吻合的。

商品经济，从初级阶段（实体经济）到中级阶段（虚拟经济）再到高级阶段（虚体经济），其实正是以物质商品价值、精神文化价值和资本价值依次在社会交易总量中占据主导地位来分的。需要指出的是，此前曾有研究者将盈利模式归纳为"入场费、过路费、油费、停车费"，这种概括虽然很新颖，但实际上东鳞西爪，仅仅指的是"卖服务"中的不同卖法，而非盈利模式的全部。例如中国移动作为综合电信运营商，采用组合式盈利模式，既有各种"卖服务"，包括短信服务按次数卖（即所谓的"过路费"）、数据服务按流量卖（即所谓的"油费"）、通话服务按时长卖（即所谓的"停车费"），还有"卖产品"（如定制手机）、"卖发财"（如移动增值服务端口费）、"卖资质"（如手机月租费，打不打都要交钱）等。显然，如果仅仅用"过路费、油费、停车费"来说明中国移动的盈利模式，是远远不够的。

还需指出的是，"卖服务"中的"包干制"和"卖资质"中的"入场费"全然不同。前者是将服务打包，有限次或无限次享用；后者不包含任何服务，只是提供了进一步购买产品、服务或投资的资格。

盈利模式设计，就是从企业所处的价值链出发，为其产品和服务构设合适的价值交易形态，以获取更多的收益。盈利模式设计不能狭隘地看作是单个企业自家的事情，必须要基于整条价值链，如果下游不接受、上游不支持、相关方不配合，盈利模式设计得再美好也是枉然。

拓展 学习

常见的盈利模式

一、广告模式

新闻类门户网站大多采用这种模式，新浪、搜狐、网易三大门户网站很大部分盈利是靠广告收入获取的。还有视频类平台也多属这种，如爱奇艺、搜狐视频、腾讯视频，在看视频前都要先看一段广告。

广告模式的特点如下：

门槛低。谁都能进，谁都能看，用户量是此模式收益的主要依托。

内容质量高。内容必须有价值，价值是吸引用户的前提，像现在这个自媒体时代，每个自媒体人的收益很大一部分来自广告收益。内容质量高，就能吸引更多用户，用户多自然就能有更多的盈利。如：《罗辑思维》的自媒体人罗振宇，成为百度副总裁的李靖等都是高质量文章的生产者。

周期长。想要实现广告效应，产品必须有黏性，用户愿意留下来，并能经常过来。广告模式是以 IP 量为基础的，没有用户的驻足，就失去了其价值。所以，必须长期生产高质量的内容来增加用户的忠诚度。为了持续获得广告收益，也需要长期的运营和积累。

二、直销模式

这种模式以淘宝、京东为代表，平台通过商品的买卖获取收益，是线下销售模式的补充，是最简单、最直接的盈利模式。此销售模式也不仅仅局限于电商层面，还有像饿了么、摩拜单车等形式，只要使用就会一次性的收取服务费用。

直销模式的特点如下：

高效率。用户购买商品时的目的很明确，并且希望能立刻拿到商品，经过长时间的等待会让一部分用户失去耐心。所以，直销必须要快，满足用户迫切需要的心理需求。

高质量。物美价廉是普遍的用户需求，网络在降低库存、门店、人员成本的基础上，也降低了价格，但不能因为价格降低而降低商品的质量，直销模式必须要保证商品质量。

平台化。网络无国界，直销模式多采用平台化方式，商家、顾客、平台三方合作共盈是此类模式的特点。

直销模式的特点还有很多，如诚信、销售的闭环（从购买到评价）、商品的仓储等。

三、分佣模式

不知道是否有人听说过 CPS(Cost Per Sales)，它是将广告主（商家）与推广人进行撮合，利用推广人的推广能力进行产品推广，按实际销售结果进行分佣，商品与客服全由商家提供，推广方只负责引流并促成交易。当然除了 CPS 这种分佣模式外，还有 CPC（按点击量进行收费），CPA（按注册用户量或下载量进行收费）。不论是 CPS、CPC 还是 CPA，都是利用推广的方式获取分佣。

分佣模式比较出名的平台有阿里妈妈（听这名字就知道跟阿里巴巴是一家的），平台的各个推广人被称为淘宝客，他们的任务就是为你的淘宝店铺引流，并促成交易，成交后将会有不菲的收益提成，它就是分佣模式的代表。除了这种直接给钱的方式外，像之前的滴滴打车和摩拜单车，你打过一次车后，会给你一个优惠券，只要你分享出去，自己也能获取一定比例优惠的打车券，这同样也算是一种分佣，你的任务就是分享出去。再比如微商分销，可以通过串联无数个朋友圈形成病毒式传播。一键分销让每个粉丝通过几步就能完成注册，迅速复制您的店铺推广到他的朋友圈，产生购买，赚取佣金。

分佣模式的特点如下：

共同利益联合体。商家和推广人双方共同合作受益，推广人负责引流、促进成单，商家负责提供商品及客户服务。

多种变种。CPS、CPA、CPC 都属于分佣模式的变种，不论是通过成交分佣、注册量分佣，还是点击量分佣都属于不同形式的分佣模式。

无风险。分佣不需要自己囤货，风险低，有的平台还支持多级分佣。

病毒式营销。信息的爆炸式传播是分佣模式的特点，没有传播能力就没有推广的前提，没有推广能力就没有分佣的基础。

四、会员模式

此模式通过向会员提供增值服务来获取收益，普通用户与会员一定要区别对待，"有钱的出个钱场，没钱的出个人场"，会员就是出钱场的，普通用户就是出人场的。如网易云音乐，要想下载高品质音乐就要付费成为会员；优酷网，想看最新的影视作品就要付费成为会员。这种会员模式很多，像各类的 SAAS 服务平台也是一样，你不用再投入大量的研发成本，只需要付费成为会员就可以了，平台的各种功能都可以使用。如：钉钉办公软件、阿里云、百度网盘等都属于这个模式。

会员模式的特点如下：

薄利多销。薄利多销是会员服务模式的一个普遍特征，而且会员一般都有时间期限，通过大量用户的使用来平摊成本。

专注于专业。平台方更多地专注于自身产品，做好做专。只有更好地服务于用户、产品做得更专业，才能留住用户。

内容为王。像优酷、爱奇艺这类平台，通过提供有价值、高质量的内容来吸引用户，而且需要不断地、持续地提供，产品的生命周期才能不断得以延续。

有价值。只有能帮助到用户，用户才会购买，愿意为此付费。另外，所提供的服务一定要物超所值，让用户感觉成为会员的代价要远小于购买此商品的代价。

差异化服务。不同用户要区别对待，普通用户与会员间要有所差别，通过付费成为会员后，应该得到更高质量的服务，得到不一样的待遇。

五、融资模式

互联网行业从来不缺钱，只缺好产品。而每一个成功案例的背后都离不开资本的运作。几千万只是起步，从 A 轮、B 轮、C 轮，上亿或几十亿美元都很正常。融资是互联网行业的一个新常态，互联网要做好先要烧起来，从以前的网易、新浪到今天的共享单车，每一个平台、每一个产品背后都有着资本之手。2016 年 1 月～11 月电子商务领域共有融资案例 454 个，天使轮与 A 轮分别有 188 个和 175 个。如何把流量转化成商业模式，各商家都有着各自不同的思考。

融资模式的特点如下：

成熟的商业模式。要想得到投资人的关注，就必须要讲好故事，商业模式要清晰。商业模式也要顺势而为，市场情况、政策情况、竞品情况都是成功的背景，商业发展离不开大环境，离不开社会的场景化。

基础。获取投资人青睐，还有一个重要因素，就是产品的现状。企业要获取融资，最难的就是天使轮，投资人最关心的是产品的前景、获利及现状，他们大多喜欢捡现成的。当规模还小时，没有人关注，只有做出成绩后投资人才会蜂拥而至，想要获取投资先要做好自己，千里马常有而伯乐不常有。

人脉资源。有时我常想，滴滴的第一桶金从哪来的？摩拜的第一桶金从哪来的？在此不敢妄言。但滴滴的程维 2012 年前在阿里工作了 8 年，滴滴总裁柳青与柳传志是一家人。摩拜单车创始人胡玮炜是新闻人出身，传媒是最好的人脉资源平台。酒香也怕巷子深，人脉本身就是融资的最重要资源。

六、三方服务模式

"羊毛出在狗身上，让猪买单"。现在更多的互联网商业模式已经不再从用户身上拔羊毛了，而是让用户舒舒服服地享受服务，让第三方来为我们买单；第三方买单还不行，还要为我们做好服务。谁是第三方呢？甲方、乙方之外的就是第三方，供方、求方之外的也是第三方，买方、卖方之外的还是第三方，它是为其余两方提供服务并从服务中获取回报的。如产权交易机构，为投资人与项目方提供服务，促成产权的买卖。

产权指什么？产权是财产的所有权、占有权、支配权、使用权、收益权和处置权，有权益就有交易。现阶段，投资人与项目方在买卖过程中存在各种问题：项目的真实情况、资金有限、交易过程烦琐、项目调研困难等等。在整个交易过程中，买卖双方都很希望有咨询机构提供咨询服务，评估机构提供有效评估，金融机构提供资金支持，交易机构提供交易保障及过户服务。这些都是最真实的需求，有需求就有服务，有服务就有利益，这些机构就是为三方服务模式买单的"猪"，并从服务中获取相应回报。

三方服务模式的特点如下：

平台撮合能力强。平台需要有很强的撮合能力，并在商业模式中将各方做好定位，让各方做自己最擅长的事，为用户提供服务。

商业模式闭环。让甲方、乙方、第三方间形成一个完整的闭环，互为支持，第三方以服务为主，并从服务中获取回报。

共赢。在这个闭环里，每一方都能从中获取利益，信息免费、服务收费。构建一个利他的经济模式，先要让用户爽起来，我们才能爽起来。

七、沉淀资金模式

让用户愿意把资金充进来，形成一定的沉淀资金，利用时间差进行投资从而获取收益。这中间就形成了时间成本，如果资金量大、用户量大，就会产生一笔很丰厚的收益。如淘宝，每个商家要想开店先要交一定的保证金，这笔保证金就形成了一个庞大的沉淀资金。很多金融平台的收益很大一部分就来自沉淀资金，购买理财产品前放在平台上的钱，就是最好的一笔可实现复利效应的沉淀资金。

沉淀资金模式的特点如下：

大宗交易。要有大量资金沉淀才有意义，为资金端找好下家，创造收益。

提供资金池。平台要留够备用金，以便用户随时提现，因此资金池就必不可少。

T＋N模式。一般不支持实时到账，为出金留足时间，做好时间差，T是时间，N是天数。如：T＋1就是一天后到账。

投资要快进快出。为了不影响资金的流动性和及时性，沉淀资金的投资一定要灵活、保本，可快进快出。

（摘自知乎网：https：//zhuanlan.zhihu.com/p/29748233）

▶ 任务五　制定营销策略

在制定企业的营销计划之前要清楚目标客户群体是谁，他们有什么样的特点，这一部分在项目二有涉及，本部分不再赘述。经典的营销组合策略包括四个部分，即产品策略、价格策略、渠道策略和促销策略。

一、产品策略

一个新创企业的营销组合策略，首先要明确使用什么样的产品去满足目标客户的需求，并且企业的产品策略也部分地影响其他的营销组合因素。

1. 产品组合策略

产品组合策略是指企业为面向市场，对所生产经营的多种产品进行最佳组合的谋略。其目的是使产品组合的广度、深度及关联性处于最佳结构，以提高企业竞争能力和取得最好的经济效益。具体表现如下。

(1)扩大产品组合的广度，利用企业现有设备，生产更多品种的产品。

(2)发展产品组合的深度，以满足市场对同类产品的不同要求，提高市场占有率。

(3)强化产品的关联性，从本企业降低成本、提高质量出发，尽量缩小产品组合的广度和深度，集中生产少数产品。

产品广度中联合利华拥有个人护理、家庭护理、食品等几个大类。产品深度是指产品项目中每一个品牌所含不同花色、规格、质量产品的数目的多少。如多芬沐浴露有三种规格五种配方，产品组合的深度就是15。产品组合的关联度是指各种产品线在最终用途、生产条件、分销渠道或其他方面相互关联的程度。如联合利华的产品组合，虽有三大类产品线，但都为个人或家庭洗护用品，有较强的关联度。

出于资金压力和打造自己特色考虑，初创企业要注重核心竞争力的打造，切忌在产品的广度、深度和关联度上全面撒网。

2. 产品生命周期策略

产品生命周期策略一般可以分成四个阶段：引入期、成长期、成熟期和衰退期。企业不能期望其产品永远畅销，因为一种产品在市场上的销售情况和获利能力并不是一成不变的，而是会随着时间的推移发生变化，这种变化经历了产品的诞生、成长、成熟和衰退的过程，就像生物的生命历程一样，所以称之为产品生命周期。产品生命周期就是产品从进入市场到退出市场所经历的市场生命循环过程，进入和退出市场标志着周期的开始和结束。

3. 产品品牌策略

品牌策略是一系列能够产生品牌积累的企业管理与市场营销方法，包括 4P 与品牌识别在内的所有要素。主要有：品牌化决策、品牌使用者决策、品牌名称决策、品牌战略决策、品牌再定位决策、品牌延伸策略、品牌更新。

事实上，任何一家成功企业都是从小到大的，任何一个著名的品牌同样也都是从默默无闻到天下皆知的。品牌建设从来都是一个循序而进的过程，在这个过程没有捷径可以走。新创企业可以从以下几个方面来进行品牌建设：品牌名称要易于传播；对品牌进行专业而全面的规划；提炼准确诉求点；保障品牌质量；打造品牌的独特个性，找准品牌发展定位；实现品牌跨越式扩张。

4. 包装策略

包装策略是企业对其生产的产品采用相同的图案、近似的色彩、相同的包装材料和相同的造型进行包装，以便顾客识别出本企业产品。对于忠实于本企业的顾客，类似包装无疑具有促销的作用，企业还可以因此而节省包装的设计、制作费用。但类似包装策略只适用于品质相同的产品，对于品种差异大、质量水平悬殊的产品则不宜采用。

二、渠道策略

产品策略体系中的重要组成部分之一是渠道策略，好的渠道策略可以降低成本，提高竞争力。常见的销售渠道策略有 5 种，见表 5-1。

表 5-1　销售渠道策略

1	直接渠道和间接渠道的销售策略
2	长渠道和短渠道的销售策略
3	单一营销渠道和多营销渠道策略
4	宽渠道和窄渠道的营销策略
5	传统营销渠道和垂直营销渠道策略

渠道策略的内容包括：为使目标顾客能接近和得到其产品而进行各种活动的策略；提出必须有效地利用各种中间商和营销服务设施，以便更有效地将产品和服务提供给目标市场；指出厂家必须了解各种类型的零售商、批发商和从事实体分销的公司以及他们是如何进行决策的。由于市场营销的发展，原来的 4P 组合逐渐被 4C 组合取代，即由"顾客、成本、便利和沟通"这四个要素组合而成的新的营销策略；在渠道策略方面更多地强调便利，即为消费对象提供可能方便的消费通道，使其消费的非货币成本降低，例如连锁超市就为居民提供了方便快捷的服务，体现了便利性。

这里强调渠道的便利，要求从消费者的角度来考虑渠道建设，为消费者提供方便。现在兴起的大型连锁卖场和网络营销，可以认为是对这一渠道策略的贯彻。贯彻这个渠道策略，是个复杂的系统工程，不仅仅是观念的改变，更涉及流程重组、组织重组。解决了为消费者创造便利消费通道的问题，往往会使铺货率或市场占有率得到巨大提升。要注意的是，这里强调的渠道战略中的"便利"还是和"顾客、成本、沟通"结合起来的，便利只是渠道战略的重要组成部分。

美国学者舒尔茨(Don E. Schultz)提出了新的"4Rs 营销组合"理论，即市场营销应包含以下 4 个要素：关联、反应、关系和回报。在渠道策略方面强调关系营销，强调厂商应当与顾客建立长期、稳定且密切的关系，降低顾客流失率，建立顾客数据库，开展数据库营销，从而降低营销费用。

我国学者认为，现在的渠道策略新趋势表现为三个方面：第一，渠道结构以终端市场建设为中心。以前企业多注重在销售通路的顶端和中端，通过市场炒作和大户政策来展开销售工作；当市场转为相对饱和状态时，就要求企业由"经营渠道"变为"经营终端"。第二，渠道成员发展伙伴型的关系。传统的渠道关系是"我"和"你"的关系，即每一个渠道成员都是一个独立的经营实体，以追求个体利益最大化为目标，甚至不惜牺牲渠道和厂商的整体利益。在伙伴式销售渠道中，厂家与经销商由"你"和"我"的关系变为"我们"的关系。厂家与经销商一体化经营，实现厂家渠道的集团控制，使分散的经销商形成一个有机体系，渠道成员为实现自己或大家的目标共同努力。第三，渠道体制由金字塔形向扁平化方向发展。销售渠道改为扁平化的结构，即销售渠道越来越短，销售网点则越来越多。销售渠道变短，可以增强企业对渠道的控制力；销售网点增多，则有效地促进了产品的销售量。如一些企业由多层次的批发环节变为一层批发，即形成厂家-经销商-零售商这样的模式，企业直接面向经销商、零售商提供服务。

现在的市场经济中，商业合作伙伴之间强调合作双赢。而在厂商与顾客之间也是如此。留住一个老顾客的成本只是开发一个新客户的五分之一；而且一个满意的老顾客往往会带来更多的新顾客，口碑广告是最有效的广告之一；而且，现代信息管理技术的进步，为厂商与顾客建立长期、稳定且密切的关系创造了技术条件，使厂商能够更快、更准找到老客户。渠道的目的就是为了让厂商与客户建立联系，从而实现商品的流通。从这个意义上说，强调关系营销的渠道战略开始回归营销渠道的核心和本义。

现阶段我们常见的就是传统营销渠道和垂直营销渠道交错并行的模式，商场、超市等都属于传统营销渠道，但微信朋友圈的微商大多都属于垂直营销渠道。如何选择销售渠道，还是要根据自身项目情况进行选择。销售渠道策略没有好坏之分，只有合适与否。

✍ 案例

"走出去"换"赢回来"的营销之道

近日，中国铁路太原局集团有限公司的薛胜利因创新了许多经典的营销案例成了一个铁路"网红"，特别是在今年受疫情影响的情况下，仍然打响了货运营销的攻坚战，在网络上备受关注，更是令人深思。

特别是对于大宗货物，铁路运输有着巨大的优势，但是公路、航空、水运等其他运输方式同样有着各自的特点，在如今服务型社会，面对物流市场强大的竞争压力，在货运营销上，"铁老大"的名号已经不再是"坐在家里"能等来的了，而是需要去了解市场环境，探寻货主需求，主动寻求合作，才有可能更好地服务客户，更快地创造效益，实现双赢。

让铁路的货运优势和优惠政策走出去。铁路本身拥有大运量、运距长、运送快等综合运输优势，在薛胜利看来，营销首先就要不怕麻烦反复登门讲解政策。运量的达成是两个市场主体间互利共赢的合作，要精准施策才能实现共赢。

2020 年是铁路货运增量三年行动的收官之年，从年初开始受疫情影响货源组织受到严重干扰，货运量急剧下降，铁路货运营销受到巨大冲击。这就更加要求铁路货运化被动为主动，主动联系货主，主动询问需求，主动站在货主的角度想问题，想货主所想，思货主所思，积极主动为货主服务。

让营销观念和铁路方案走出去。市场有绝对的选择权，拿着运力找货源在当今来讲，可以说是低级营销了。营销必须换位思考，必须在聚焦客户生产经营中的痛点的同时拿出铁路的解决方案。针对客户在"超载"和"亏吨"的直接利益矛盾问题，薛胜利结合实际，摸索出一套"查、校、盯、比、核"的装车办法，既确保装载安全，又最大限度地实现满载。

薛胜利很好地诠释了货运随市场发展的理念。这也是他营销之道中的一例典型。新时代需要铁路企业走出旧思维、旧观念，深入到客户经营生产的全过程，发掘客户的利益点和实际需求，拿出为客户解决痛点的铁路方案，才是新时代铁路企业在市场中应有的姿态。

铁路人应该清醒地认识到，铁路市场化改革关系每个人的利益，不仅要制度市场化，更应该思想市场化，只有通过广大铁路人发挥主观能动性，参与进市场化进程的浪潮中才能增效益、创利润、赢发展。"走出去"，不只是制度和政策走出去，是思想观念的突破创新，"赢回来"，不只是客户信赖和利润效益赢回来，而是雄起的新时代铁路担当。

（摘自百家号网：https：// baijiahao. baidu. com/s？id＝1682482846054079596)

三、价格策略

价格策略是指企业通过对顾客需求的估量和成本分析，选择一种能吸引顾客、实现市场营销组合的策略。常用的定价策略有以下几种。

1. 同价销售法

我们在商场常常会见到这样的销售活动，一大排衣服都挂在一起展示，贴着100 元或者 150 元的标签，这就是典型的同价销售法，即将一批原本不同价格的商品以同样的价格进行销售。这一招抓住了顾客的好奇心，有些商品可能原本不值这个定价，但仍吸引了大量想要淘到宝的顾客。除此以外，还有分柜同价销售，也是典型的同价销售法。比如，有的小零摊开设 1 元或者 5 元的商品专柜，大商店则开设了 10 元、50 元、100 元的商品专柜。

2. 分割法

生产商定价时采用价格分割法，能给顾客一种价格很低的心理感觉。价格分割法有两种形式。

一是报价时采用较小的单位。例如，面粉每袋 150 元可以说成每公斤 6 元，葡萄每公斤 30 元可以说成每 50 克 1.5 元。平时生活中我们也常见这样的广告，以招商银行苹果官网直购 24 期免息分期为例，买一部 Iphone 11 pro 8688 元起，"每月362 元，最新 Iphone 带回家。"

二是将产品与小单位的商品价格进行比较。例如，"每天少喝一杯奶茶，100 天就可以拥有一块宝石""使用 xx 空调每天只需 1 元钱电费，相当于一瓶饮用水的价格"等。

3. 低价法

低价策略是指在产品销售之初，为了迅速打入市场将产品价格定得很低，以低于同行的价格有效地打击竞争对手，从而占领市场份额。这是一种追求长期效益的战略，但仅适用于资金雄厚的团队。

4. 习惯法

很多商品尤其是日用品，在市场长久流通中价格已经为消费者所熟知，如矿泉水、洗衣皂、餐巾纸等，这一类商品最好不要轻易改变价格。

5. 分级法

顾客的审美和购买能力各不相同，企业可以对采用不同原材料生产出来的不同等级的产品进行分级定价，让顾客有自主选择的余地。

产品定价不是一成不变的，需要根据企业的总体策略、营销策略以及不同时间段的要求进行调整。

四、广告与促销策略

广告与促销策略是指企业如何通过人员推销、广告、公共关系和营业推广（也称销售促进）等四大基本促销手段，向消费者或用户传递产品信息，吸引消费者的注意和兴趣，激发其购买欲望和购买行为，以达到扩大销售的目的。

根据促销手段的出发点与作用不同，促销策略可以分为两种，即推式策略和拉式策略。

1. 推式策略

推式策略即以直接方式，运用人员推销手段，把产品推向销售渠道。其作用过程为：企业的推销员把产品或劳务推荐给批发商，再由批发商推荐给零售商，最后由零售商推荐给最终消费者。该策略适用于以下几种情况：①企业经营规模小或无足够资金用以执行完善的广告计划。②市场较集中，分销渠道短，销售队伍大。③产品具有很高的单位价值，如特殊品、选购品等。④产品的使用、维修、保养方法需要进行示范。

2. 拉式策略

拉式策略即采取间接方式，通过广告和公共宣传等措施吸引最终消费者，使消费者对企业的产品或劳务产生兴趣，从而产生需求，主动去购买商品。其作用过程为：企业将消费者引向零售商，将零售商引向批发商，将批发商引向生产企业。这种策略适用于以下几种情况：①市场广大，产品多属便利品。②商品信息必须以最快速度告知广大消费者。③对产品的初始需求已呈现出有利的趋势，市场需求日渐上升。④产品具有独特性能，与其他产品的区别显而易见。⑤能引起消费者某种特殊情感的产品。⑥有充分资金用于广告。

除此以外，随着网络的飞速发展，网络营销已经成为促销策略里不可或缺的一部分，也可以称之为病毒式营销。例如李佳琦直播带货，15秒卖出15 000支口红。

制订广告促销策略时，切忌局限于老式的发传单、纸媒广告等，要充分利用新媒体传播方式，以达到事半功倍的效果。

拓展学习

大学生消费市场的促销策略研究

现代市场营销不仅要求企业发展适销对路的产品，制订吸引人的价格，使目标顾客易于取得他们所需要的产品，而且还要求企业积极开展促销活动。促销的实质是卖方企业与现实和潜在顾客之间进行信息沟通的过程。高校大学生消费市场（以下简称大学生市场）是以所有在校大学生为消费主体的消费品市场，企业在进行促销组合设计时，必须考虑大学生市场的特点进行有针对性地促销策划。

一、大学生市场信息沟通的特点

大学生群体是一个特殊的青年消费群体，正处于一个由不成熟阶段向成熟阶段过渡的时期。调查研究发现，大学生消费市场具有自身鲜明的特点，如消费需求跨层次性、消费行为的时尚性、消费内容的多样性、消费动机的复杂性，相关群体影响易形成从众行为等。

在信息的传递和沟通上，大学生市场也有自身的特点，表现在以下几个方面：①受到多年正规教育的影响，对精神生活的要求较高；②大学生是同龄青年中文化程度较高的群体，内心世界对自我尊重和自我实现的需求比较强烈，渴望得到外界的认同；③大部分同学居住在集体宿舍，上课时间相对统一，信息的获取渠道相近，信息交流频繁。调查表明，宿舍、教室、食堂是大学校园三大信息集散地，互联网是大学生接触的影响比较深的媒介。据调查，近80％的同学表示喜欢上网，45％的同学每周平均上网时间为2～8个小时。至于对上网的看法，近30％的同学认为上网可以认识更多的朋友；25％的同学觉得上网能更快地了解国内外新闻；25％的同学觉得网上的游戏很好玩；对于上网会影响学习、上网是无聊时的消遣方式等说法只有不到10％的同学认可；20％的同学认为相较于传统媒介如电视、报纸，上网是一种时髦的活动。

基于以上特点，我们认为以电视广告作为主要促销手段的方式对大学生市场而言效果并不明显。企业如果选择更贴近大学生的促销方式，增强互动和交流，虽然传播面小，但沟通效果更好。

二、针对大学生市场的促销组合策略

各种促销方式有各自的优缺点，企业制定促销组合时要对广告宣传、公共关系和销售推广等方式进行选择、搭配运用，使其成为一个有机的整体，发挥整体功能。

1. 以情动人、锁定目标市场的广告策略

现在的大学生基本上是受广告影响较大的一代人，对广告比较敏感。超过40％的大学生会尝试购买广告介绍的产品或直接根据广告选择所需产品；即使是坚持买自己平时喜欢的品牌、很少理会广告、对品牌忠实的大学生消费者，在品牌认知过程中也深深地受到广告的影响。

广告策略首先要针对大学生的心理特点，宣传中突出年轻活力的形象，与消费者心目中的理想状况相近。广告诉求重在感情的传递和沟通，而非事实阐述或说教；表达方式应新颖别致，以吸引大学生的注意。

广告目标确定之后，要选择适当的媒体，才能把企业的信息传递给目标消费者。传统的媒体如电视、报纸都是大众媒体，传播面广、影响面也大，但针对性略显不足。企业需要更贴近大学生消费者的广告媒体，直接将信息传递到目标市场。所以，企业应当重点考虑选择以下媒体：①互联网广告。新兴的广告媒体因其成本低、针对性强等特点近年得到迅速发展，但在我国目前还处于初始阶段，今后随着上网人数的增加和网上购物的发展将会有较大发展。因此企业应充分利用网络信息技术，在学生经常访问的网站有针对性地进行产品信息的发布和传播，结合网上购物，促进产品的宣传和销售。②校园内或附近的卖场POP广告。POP广告即购买时点广告，是指那些设置在销售现场的宣传物，通过现场宣传刺激消费者现时产生购买需求。其主要形式有悬挂于天花板上的彩条、店内旗帜、立式展示物、海报、特殊陈列架、特别布置物、特价标示牌等。POP广告布置在商店内外，其强烈的视觉传达效果可以吸引路人进店，使顾客既能看到广告宣传又能见到实物，效果比较理想。③邮寄广告。即将印刷的广告物，如商品目录、商品说明书、订单、商业宣传单等

通过邮政系统直接寄给目标大学生消费者。传统的邮寄广告最显著的优点是地理选择性和目标顾客针对性极强，提供信息全面、反馈快；缺点是可信度低，如果目标顾客为个人消费者，不能产生群体效应，成本也较高。大学生的集体生活正好可以降低邮寄广告影响力小的缺点，从而降低企业运营的成本。其次企业可以采用电子邮件的方式传递信息，这比较符合大学生的习惯，而且速度更快。在媒体组合中要注意的是各种媒体的互补性。

2. 激发热情、互动交融的活动策划

活动策划是企业开展公关活动最好的切入点。现在大学校园内各类学生活动极为丰富，会频频举办各种形式的竞赛、文体活动、讲座晚会和各类社团活动。这些活动吸引了大量学生参加，也给企业进行产品宣传提供了机会。企业可以直接赞助学生活动，这样既有利于拉近企业与学生消费者之间的距离，也有利于提高企业及其产品在学生消费者中的认知度。一些特殊时机有：新生入学、校运会、毕业晚会等。企业还可通过策划参与性强的竞赛活动或娱乐活动吸引学生的参与。这样除了可打响商品的知名度以外，还可以增加销售，锻炼学生的实践动手能力，容易取得学校的支持和鼓励学生参加。

校内的营销活动最好具有延续性并能得到大学生的认同。作为一项延续性活动，关键在于活动主题的确定，要做到每次促销都有主题，活动主题既要新颖，与社会关注的热点相结合，又要与企业营销战略和定位相吻合，还要真正触及大学生的内心想法。只有这样，才能既让学生感兴趣、打动他们的心，又达到企业传播的目的。

3. 直入人心、刺激购买的销售推广策略

大学生由于经济状况的影响，对价格比较敏感，也把购买到价廉物美的商品作为一种乐趣。销售推广策略是企业吸引忠实消费者的有力手段，也是打动新顾客的主要方式，其方式多种多样，如特价促销、示范宣传策略、奖励活动促销、免费试用和发放赠品等，企业可以灵活使用。企业常用的促销手段中最能为大学生接受的是降价出售，后面依次是赠送礼品、有奖销售。

▶ 任务六　展现创业团队实力

美国创业教育和研究的领袖人物蒂蒙斯提出的三要素创业过程模型，是目前较为普遍认同的创业过程理论模型。蒂蒙斯认为，创业机会、资源与创业团队是创业过程的关键构成要素，其中创业机会是创业过程的核心要素，创业过程实质上是发现与利用创业机会的过程；资源是创业过程的必要支持，是利用机会获取利润的基础；创业团队是在创业过程中识别和利用机会，整合资源的主体，是新创企业的关键构成要素。三者的关系模型如图 5-4 所示。

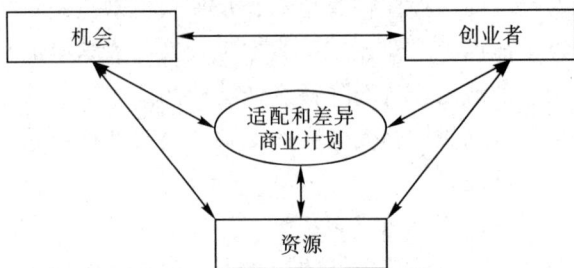

图 5-4 创业过程理论模型

无论创业机会有多诱人,除非你能抓住它,否则都没有意义。因此,在商业计划书中,向投资者介绍自己团队的实力和资源情况是非常重要的。

一、重点介绍项目带头人

在介绍项目带头人时,必须考虑对投资人来说,什么样的创业者才是最理想的。

1. 要么有行业经验,要么找到了有行业经验的合伙人

对投资者而言,最理想的创业者是在相同行业中的成功创业者,或者创业带头人拥有丰富的相同或者相近行业的从业经验,或者能吸引在所创业的行业里经验丰富的团队。

在实际的市场中,成功的创业者要么有经验,要么公司有有经验的合伙人,没有行业经验的人很少能成功。

2. 突出综合能力

在介绍中,尽可能将这个人的策划能力、组织能力、管理能力、专业能力等综合能力呈现出来,将这个人的视野、格局和胸怀表述一下,尽可能突出他(她)的人格魅力。

二、展现优秀的创业团队

创业之初,要有一个核心团队,一般 3～4 人。团队成员要对创业有共同的认识,能精诚团结,同心协力。在团队成员的搭配上,尽量能做到优势互补,发挥出每个人在不同领域的特长,如有专门负责管理的、有专门负责技术的、有专门负责市场的等等。团队介绍的时候,应该体现以下几个因素。

1. 体现团队的能力互补

只有能力互补、能够作为一个整体来发挥实力的创业团队,才可能是一个优秀的团队。成员应该各有所长,形成团队整体作战的能力。

一般而言,优秀的创业团队应当包括以下几类人。

（1）能够在关键时刻做出最后决策的人。这个人是团队的核心，可以决定项目未来的发展方向。这样的人在团队里最好只有一个。

（2）市场拓展能力强的人。这样的人能联系到客户，打开企业的生存空间。

（3）执行能力强的人。这样的人能快速完成具体工作任务。无论是产品研发、客户服务还是公司内勤，都需要这样的人才。

2. 突出拥有资源丰富的团队成员

创业初期，创业团队成员的社会资源是创业项目重要的资本。社会资源可以是客户资源、资金资源、供应链资源、市场资源、政府资源等。有资源丰富的成员的同时，还要考虑他在团队中有发挥作用的位置，做好合理的工作安排。

如果是技术型的企业，一定要有技术过硬并能带领队伍的技术带头人（针对互联网项目）。

3. 展现合理的业务外包

并不是所有的工作都需要创业团队自己来完成，某些工作可以考虑找人外包。像商标设计、产品包装、平面设计、广告策划、文案写作、拍摄视频，这样的文创工作一开始都可以外包出去。

创始人要解决的问题是搞清楚这些能力的市场合理价格。市场价格变动往往会很大，找到靠谱的人，给他合理的价格，你就能节约大量的成本。

此外，关键岗位是可以逐步进化的。比如，财务一开始外包，做大了就可以由自己人管，有机会就要提前培养靠谱的财务人员。

三、展示获取和整合创业资源的能力

资源是创业过程中的重要元素，是构成企业竞争优势的重要元素。因此创业团队应该认真梳理项目的资源并善加利用，也应该在商业计划中有所体现，证明自己的创业实力。

1. 明确资源需求和关键资源

作为创业企业，要对自己项目所需要的资源有一个清晰的认识，它意味着融资需求的规模，也影响着创业项目设计的关键点。

不是所有的创业资源都同等重要，有一些资源是比其他资源更加重要的，这些重要的资源将成为创业项目团队决策中重要的关注点。作为创业团队，需要评估什么资源对于企业的成功来说是至关重要的。比如，零售行业最宝贵的资源是渠道，因此价格合理又能有效触达消费者的销售渠道是重要的资源。

最关键并且稀缺的资源是创业团队必须获得的，它是企业生存下来的基础。而对稀缺资源更好的保护和善加利用，会让创业团队在竞争中获得优势。企业不一定要自己拥有全部资源，对于不那么至关重要的资源，尽可能采用更低的成本来获得，比如办公室设备这些实物资源，专职财务人员这种人力资源，通过租用或者外包的方式，也许会让企业产生更低的日常管理费用。

创业团队在做自己的商业计划时，如果能展示出自己对于关键资源的深刻认识和把握，以及对企业资源的良好安排和使用，会增加投资人的信心。

拓展 学习

创业资源的类型

创业资源可以分为有形资源和无形资源。

有形资源包括财务资源、组织资源、实物资源、技术资源等。

- 财务资源体现创业团队的借款能力；
- 组织资源包括合理的组织和协调系统、报告系统等；
- 实物资源包括经营地址、设备、获取原材料的能力等；
- 技术资源包括技术、专利、商标、版权等。
- 无形资源包括人力资源、创新资源、声誉资源等。
- 人力资源包括管理能力、有优势的人才、团队信任和默契等。
- 创新资源包括创意、创新能力、科技能力等。
- 声誉资源包括供应商的声誉、客户的声誉、品牌等。

（摘自百家号网：https：// baijiahao. baidu. com/s？ id＝1631861135081097682 &wfr＝spider&for＝pc）

2. 展示创业资源的获取和整合的能力

创业不仅需要发现创业机会，还需要获取和组合必要的资源来开发所发现的机会，因此获取资源和组织资源的能力是创业者至关重要的能力之一。

首先，创业者要努力地梳理和获取资源。当创业者发现创业机会的时候，大部分的情况下都没有拥有能把握机会的全部资源，因此获取资源很重要。获取资源的方式有非市场获取和市场获取两种。

非市场获取，指依赖个人关系网络等非市场渠道获得创业所需要的资源，比如通过梳理亲戚朋友的资源、利用国家政策、吸纳有资源的成员等方式。

市场获取，是指通过市场渠道获取创业所需要的资源，比如通过合作、购买等方式。

获取资源后还要能很好地组合资源。熊彼特将创业定义为"实现资源的重新组合"。这种重新组合包括：创造新产品，采用新工艺，开辟新市场，获得新的原料供应来源，以及实现新的组织形式。

拓展 学习

企业资源使用的原则

美国百森商学院威廉·D.拜格雷夫教授在他的《创业学》一书中写道：成功的创业者对于稀缺资源都是很省的。他们保持较低的管理费用、较高的生产力以及最小化的资本、资产所有权。通过这样做，可以将创办企业所需要的资本量最小化，并促使企业不断成长。

一个创业企业应该完美地控制公司的日常管理费用，减少不必要的开支。人员要足够精干，组织要尽量扁平，实现决策快速灵活。

资产要轻量，如果不是稀缺和至关重要的，能租赁就不选择购买。在有可能的情况下，将一部分工作分包出去，也许比企业自己来完成成本还低，而且还更专业。

四、大学生创业团队如何进行自我介绍

大学生创业团队在吸引投资的过程中是不占优势的，缺少行业经验和企业管理经验是最大的弱势。所以大学生创业团队在进行自我介绍时可以从以下两方面着手。

第一，懂得用顾问团队为自己加分。顾问团队对于没有经验的创业团队是会有较大帮助的，其组成可以有行业专家、成功创业者、专业投资者、资深的供应商等，他们的经验可以为自己的团队印象加分，事实上也确实能给创业团队带来经验和资源。

第二，认真梳理与创业项目相关的成员经验。团队成员中如果有创业经历，应该着重介绍；有工作经验的突出工作经验，比如团队成员有在大企业工作过的经历，会给团队印象加分；有专业优势的可以突出自己的专业技术背景，包括就读的学校和攻读的专业，这在科技类的项目中尤其重要；介绍团队成员获得过的奖励和荣誉，尤其是成员曾经参加过创新创业大赛或某些技能竞赛、学科竞赛等的获奖情况；介绍团队成员的社会实践，体现丰富的社会经验，比如参加社团组织、志愿者协会、社会企业实习、其他社会实践情况等。

案例

他们是轨道攻坚人，助力温州圆梦轨道交通——
温州轨道交通建设团队成功入选"最美温州人·感动温州十大人物"

2022年4月29日，由中共温州市委宣传部、温州日报报业集团、温州广电传

媒集团主办的"最美温州人·感动温州十大人物"结果揭晓。来自温州市铁投集团的"温州轨道交通建设团队"成功入选。

这是一支特别"能战斗"的团队。

他们逢山开路、遇水架桥，以创新、拓荒精神开拓进取，S1 线顺利开通运营，S2 线工程建设全面铺开，S3 线前期加快推进。从一条线到一张网，每一个目标的实现，都离不开每一位团队成员的辛勤付出。

这是一支特别"敢创新"的团队。

作为全国首条新建市域铁路线路，温州轨道交通 S1 线建设之初面临着技术标准缺乏等困境。为推动市域铁路快速发展，团队结合工程建设实际积极开展技术规范创新，不仅在车辆、信号、通讯、供电等"四大"关键技术方面创新实践，还建立了涵盖设计、施工、运维三大方向，行业、地方、团体、企业四个层级的市域铁路标准体系。先后形成《温州市域铁路创新实践》等 3 部学术专著，《市域(郊)铁路设计规范》等 7 部技术标准，10 项省级工法，100 余项国家专利，累计发表论文 100 余篇，获得 20 项科技成果奖励，并荣获 2020 年度城轨交通科技进步一等奖、轨道交通技术创新推广项目等多个奖项。

从摸着石头过河到行业标准的先行者、技术空白的填补者、国家示范的首创者，温州轨道交通实现了从"先行先试"到"三个国家示范"的精彩蝶变。在工程推进中，团队积极建立"品质工程"建设标准，推动全线完成钢筋厂、拌和站、管片预制等 21 个工厂化设施建设。并陆续实现了墩身模板一体化施工平台、智能压浆机、小型构件加工等 18 项工艺创新和 7 项设备微创新，建立了工程信息管理、BIM 技术应用和视频信息监控等多个智能化管理平台，荣获了省、市平安工地等荣誉称号，成功打造省级标杆工程。

这是一支特别"不服输"的团队。

由于此前国内无市域铁路参考案例，建设过程中遇到的技术难题也无先例可循。特别是 S1 线上跨杭深、金丽温铁路桥梁转体工程，是国内首个市域铁路跨越高铁转体施工项目，也是当时国内跨越铁路股道最多、安全风险最大的桥梁转体工程。在团队的努力和攻克下，创新采用整体式球铰工艺，最大限度地保障了 T 构转体连续的平衡。经历近 500 个日夜的奋战，最终顺利实现了桥梁转体成功合龙。该工艺技术荣获我市"瓯江杯"优质工程奖。

在 S2 线建设中，同样遇到了不少"麻烦"。S2 线越江隧道是全市第一条盾构隧道、全省第一深(52 米)基坑和全国第一条市域铁路 15 米超大直径盾构。盾构穿过江底厚淤泥软土地层，犹如"水豆腐里打洞"，技术难度相当大。通过反复论证和多次调整，团队最终顺利化解了瓯江特有软土地质、盾构下穿角度大、浅覆土层推进等系列建设难题。经过 437 天不间断施工，越江隧道盾构顺利完成贯通，开创了我市盾构下穿瓯江的先例。S2 线汀田车辆段工程作为我市首例轨道交通 TOD 上盖物业开发项目，须在 24 个月的工期内完成 28.9 亿元总投资，任务十分艰巨。自进场施工以来，团队通过成立项目专班，派驻 60 余名党员扎根一线，最大限度组织施工作业，投入 200 余台机械设备、1000 余名工人，仅用 5 个月时间完成了年度 10 亿元投资任务，创下温州轨道交通建设速度之最。目前该工程桩基作业基本完成，已顺利进入墩台作业阶段。

这是一支特别"讲担当"的团队。

轨道交通建设团队的成员，他们虽然来自不同的城市，却有着相同的特点，就是以奉献为荣、以团队为家，全身心奋斗在工程一线。他们中有把生命奉献给建设事业的"铁投人"陈绍恩，有东北来温为轨道交通贡献十年岁月的"温州好人"柳七峰，有以"007"的工作状态扎根一线的"攻坚狂人"许长建，有只身在温的"浙江省劳模"郭欣，也有年纪轻轻以工地为家的"浙江省万名好党员"苏文海，还有政策处理"铁娘子"周妲以及洪成泼、肖海东等数十名党员，每个团队成员相互扶持、共同面对，充分展现了无私奉献、担当进取的团队精神。团队先后荣获了浙江省模范集体、省工人先锋号、温州市"大干交通、干大交通"突出贡献集体、重大专项工作奖等 20 余项荣誉。

塔吊林立、机器轰鸣……轨道交通沿线施工标段处处可见热火朝天的大干局面，放眼瓯江南北沿岸，一条全新的轨道交通正在快速成型。追梦路上，温州轨道交通建设团队将继续保持"冲锋者"的姿态，"领跑者"的状态，马不停蹄、逐梦前行，为"千年商港、幸福温州"建设继续挥洒汗水、贡献力量。

（摘自温州市铁路与轨道交通投资集团有限公司官网：https：//www.wzmtr.com/html/portal/xinwenzhongxin/jituanyaowen/1586996251043516417.html）

▶ 任务七　回应投资回报

商业计划中，所有的陈述都是为了解决两个问题：第一，这个项目能不能带来投资回报？第二，创业者需要投资者投多少钱？这两个问题都要在财务部分进行回答。

一、估算创业资金需求

1. 算算自己的资金

在进行创业之前，一定要先算算账，有多少钱是我们能用来创办企业的。

比如锦锦和城城决定用自己的积蓄来开办一家生产石头彩绘工艺品的小企业。他们打算用 2 个月的时间做准备。这期间锦锦和城城继续在原来的手工工艺厂工作，这样还能领到点工资补贴生活。

锦锦和城城有一些活期存款。他们预计在 3 个月之后的旅游旺季到来时就能够用企业盈利来支付日常开支了。他们算了笔账，看有多少钱可以用来创办他们的企业，具体项目如表 5-2 所示。

表 5-2　创业资金流量表

项目		金额/元
收入	锦锦和城城 2 个月工资	8000
	银行活期存款	68000
	其他	0
收入合计（A）		76000
支出（以后 3 个月）	日常生活开支	6600
	老人的抚养费和医疗费	1800
	其他	600
支出合计（B）		9000
剩余资金（A-B）		67000

锦锦和城城他们起码要留 20000 元存款保底，以备急用，所以实际可用来创办企业的资金是 47000 元，他们估计这笔钱应该够了。

2. 算算投资企业的资金

企业在筹备期间发生各种支出所需要的资金，称为投资资金。投资资金投入发生在企业开业之前，包括企业在筹建期间为取得原材料、库存商品等流动资产投入的流动资金；购建房屋、建筑物、机器设备等固定资产，购买专利权、商标权、版权等无形资产投入的非流动资金；以及在筹建期间发生的人员工资、办公费、培训费、差旅费、印刷费、注册登记费、营业执照费、市场调查费、咨询费和技术资料费等开办费用所需资金。

为了较为准确地估算出自己的创业投资资金，创业者需要制作详细的分类列表。一个可靠的办法就是集思广益，想出你所需要的一切，从有形的商品（如场地、库存、设备和固定设施）到无形的服务（如广告和法律事务等），分门别类，然后就可以开始逐项测算创业启动所需要支付的费用了，其范围包括新企业开业之前固定资产的投入、流动资金以及开办费等。

锦锦、城城准备投资一家石头彩绘工艺品店，预测投资资金如表5-3所示。

表5-3　预测投资表

项目		费用/元
购置器具、工具和家具	搭建操作棚	5000
	桌椅	700
	消防器材	200
	办公家具	1800
	工具及配件	2260
	存放架	3000
	3个工作台	6000
购置交通工具	三轮车	6000
购置电子设备	计算机	2700
开办费	市场调查费、咨询费	2000
	培训费、技术资料费	1600
其他投入	前期装修费	10200
投资总额		41460

根据上述计算，锦锦和城城需要投资的总额是41460元，其中固定资产投入27660元、开办费3600元、其他投入10200元。

3. 算算经营企业的资金

从企业开始经营之日起到企业能够做到资金收支平衡为止的期间内，企业发生各种支出所需要的资金，称为营运资金，也是投资者在开业后需要继续向企业追加投入的资金。企业从开始经营到能够做到资金收支平衡为止的期间称为营运前期。营运前期的投入资金一般主要是流动资金，既包括投资在流动资产上的资金，也包括用于日常开支的费用性支出所需资金。

初创企业开办之初，企业的产品或服务很难在短期内得到消费者的认同，企业的市场份额较小且不稳定，企业难以在开业之时就形成一定规模的销售额，创业者一般至少要准备开办初期6个月所需的营运资金。

锦锦、城城合作开办了一家石头彩绘工艺品店，他们计算了一下前3个月需要的运营资金，如表5-4所示。

表 5 - 4 　运营资金表

项目		金额/元
原材料（列出项目）	彩绘原料	12880
	装饰彩珠	1610
	石头	3220
包装费		391
锦锦、城城的工资		——
租金（全年）		24000
促销费（500 元/月）		1500
保险费		5337
维修费（200 元/月）		600
水电费（300 元/月）		900
电话费（200 元/月）		600
宽带费（全年）		600
办公用品购置费（100 元/月）		300
其他费用（100 元/月）		300
流动资产总额		52238

根据上述计算，他们头 3 个月所需的流动资金总额是 52238 元。那么，他们开办企业所需要的启动资金总额＝投资总额＋流动资金总额＝41460＋52238＝93698元。这个数额远远超过他们能投入的 47000 元。

他们觉得这个数字不太对，流动资金的算法可能有问题：第一，这是在假设头 3 个月没有任何销售收入的情况下计算出的结果，只有出没有进，不能体现资金流动情况；第二，原材料费用的预算可能不宽裕；第三，有些费用可能被遗漏。那么他们的企业到底有没有开办的可能性呢？这就要看财务预估部分了。

二、进行财务预估

（一）预测销售收入

预测销售量和销售收入是创业计划中非常重要也是难度较大的部分。大多数人都会过高估计自己的销售量，因此，在预测销售量和销售收入时不要太乐观，要切合实际。在开办企业的头几个月里，销售收入一般不会太高。

锦锦和城城打算 6 月份开办企业。他们计划正常情况下每月生产 1500 件工艺品。

在旅游景点销售工艺品有季节性特点，旅游高峰时卖得多，进入晚秋和冬季会少一些，要靠大力促销才能完成计划。以每件工艺品售价 23 元（含增值税）计，他们预测当年销售收入情况如表 5-5 所示。

表 5-5　销售收入预测表

项目＼月份	6 月	7 月	8 月	9 月	10 月	11 月	12 月	合计
销售数量/件	1200	1600	1800	1500	1500	1500	1500	10600
销售单位/元	23	23	23	23	23	23	23	23
含税销售收入/元	27600	36800	41400	34500	34500	34500	34500	243800

(二)制订销售与成本计划

要掌握企业实际运转情况，仅仅知道自己的销售收入是不够的，还必须计算企业是不是有利润。只有这样，才能准确地知道企业是否赚钱。利润可以通过销售收入减去企业经营成本来计算。

锦锦和城城基于自己所做的成本预测和销售收入预测来制订当年的销售与成本计划。他们还计划在头 3 个月里不拿工资，但为了准备计算利润，在制订销售与成本计划时工资和折旧费等仍需计入成本，并且他们还将保险费和宽带费等平摊在一年的各月之中。他们制订的销售与成本计划如表 5-6 所示。

表 5-6　销售与成本计划表　　　　　　　　　　　　　　　　（单位/元）

项目＼月份		6 月	7 月	8 月	9 月	10 月	11 月	12 月	合计
销售	含税销售收入	27600	36800	41400	34500	34500	34500	34500	243800
销售	增值税		1071.85	1205.82	1004.85	1004.85	1004.85	1004.85	6297.09
	销售净收入	27600	35728.16	40194.17	33495.15	33495.15	33495.15	33495.15	209902.91
成本	原材料	9240	12320	13860	11550	11550	11550	11550	81620
	包装费	204	272	306	255	255	255	255	1802
	工资	7000	7000	7000	7000	7000	7000	7000	49000
	租金	2000	2000	2000	2000	2000	2000	2000	14000
	促销费	500	500	500	500	500	500	500	3500

项目 \ 月份		6月	7月	8月	9月	10月	11月	12月	合计
成本	保险费	1719	1719	1719	1719	1719	1719	1719	12033
	维修费	200	200	200	200	200	200	200	1400
	水电费	300	300	300	300	300	300	300	2100
	电话费	200	200	200	200	200	200	200	1400
	宽带费	50	50	50	50	50	50	50	350
	办公用品购置	100	100	100	100	100	100	100	700
	其他费用	100	100	100	100	100	100	100	700
	开办费	3600							3600
	折旧和摊销	686	686	686	686	686	686	686	4802
	总成本	25899	25447	27021	24660	24660	24660	24660	177007
附加税费			53.59	60.29	50.24	50.24	50.24	50.24	314.8544
利润		1701	10227.56	13112.88	8784.903	8784.903	8784.903	8784.903	60181.06
企业所得税									6018.11
净利润									54162.95

税金和利润的计算比较复杂，下面是他们对于应纳增值税额、折旧和摊销、加税费、利润、企业所得税额和净利润的计算方法。

1. 计算增值税额

$$应纳增值税额＝含税销售收入÷(1＋3\%)×3\%$$

根据规定，实行按季纳税的小规模纳税人季销售额不超过 9 万元的，免征增值税。

锦锦和城城的企业在开业当年只有第三季度、第四季度的销售额超过 9 万元，所以只在这两个季度缴纳增值税即可。

2. 计算折旧

各类资产寿命不同，折旧年限不一样。花 5000 元搭建的工棚按 5 年折旧；工棚里面的桌椅、消防器材、办公家具，总共花费 2700 元，按 5 年折旧；工作台、晾晒架和工具等花费 11260 元，也按 5 年折旧；三轮车花费 6000 元，按 4 年折旧；办公用的计算机花费 2700 元，按 3 年折旧；装修费 10200 元定为 5 年回收。

工棚、家具、工具折旧费＝(5000＋2700＋11260)÷60

$$＝18960÷60＝316(元/月)$$

交通工具(三轮车)折旧费＝6000÷48＝125(元/月)

办公用计算机折旧费＝2700÷36＝75(元/月)

前期装修费摊销＝10200÷60＝170(元/月)

这样算下来,第一年提留固定资产折旧费和前期装修费摊销为686元/月。

3. 计算附加税费

根据规定,实行按季纳税的纳税人季销售额不超过30万元的,免征教育费附加税。

锦锦和城城的企业在开业当年季销售额均在30万元以下,因此不需要缴纳教育费附加税,只要缴纳城市维护建设税。

应纳城市维护建设税＝应纳增值税额×5%

4. 计算利润

利润＝含税销售收入－应纳增值税额及附加税费－总成本

5. 计算企业所得税额

根据规定,对年应纳税所得额不超过30万元的小型微利企业,其所得按50%计入应纳税所得额,按20%的税率缴纳企业所得税。锦锦和城城的企业在开业当年利润远低于30万元,因此可享受减半征税政策。

应纳企业所得税额＝利润×50%×20%

6. 计算净利润

净利润＝利润－应纳企业所得税额

(三)财务三表

对创业者而言,要学会对公司财务有个大致了解,如果不懂基本的会计知识,看不懂简单的会计报表,很可能对公司运营财务质量产生误判,甚至导致公司破产。会计报表就是了解企业财务运营情况的依据,主要包括资产负债表、利润表、现金流量表,简称三表。

1. 资产负债表

资产负债表是总体反映企业存续期间某个特定日期财务状况的报表。资产负债表反映了企业所拥有的资产和所承担的债务,是投资者或创业者在企业所拥有的权利的一种财务反映。资产负债表的公式:资产＝负债＋净资产(所有者权益)。表5-7所示为一个简易版的资产负债表。

表 5-7 资产负债表

编制单位：XXX　　　　　　　　　2019 年 12 月 31 日　　　　　　　　　单位/万元

资产	年初余额	期末余额	负债与所有者权益	年初余额	期末余额
流动资产			流动负债		
货币资金	0	93	短期借款	0	300
存货	0	9	流动负债合计	0	300
流动资产合计	0	102	非流动资产负债	0	0
非流动资产			负债合计	0	300
固定资产	0	900	所有者权益		
非流动资产合计	0	900	实收资本	0	700
			未分配利润	0	2
			所有者权益合计	0	702
资产总计	0	1022	负债和所有者权益合计	0	1022

2. 利润表

利润表是反映企业在某一时期内经营成果的财务报表，经常编制利润表能及时了解企业的盈亏状况。简易版利润表如表 5-8 所示。

表 5-8 利润表

编制单位：XXX　　　　　　　　　2019 年 12 月　　　　　　　　　单位/万元

项目	上年数	本年累计数
一、营业收入	0	5
减：营业成本	0	3
二、营业利润	0	2
三、利润总额	0	2
四、净利润	0	2

3. 现金预算表

现金是企业经营的生命线，需要创业者高度重视。在制订现金预算表时，通过对各月的收入和支出分别加总，就可以看出各月的盈亏状况，通过对当月的盈亏与上月加以对照，就能看出各月累积现金流的总体情况。

要看懂三表，可以先看最容易理解的现金流量表，它是反映某段时期现金流入和流出的报表。简单地说，就是公司账户上一段时间内的全部收入和开支明细。现金流量表只是客观反映企业一段时间内的收入和支出明细，并不显示这段时间是否在赚钱。

如何知道收支情况是否良好呢？这就需要看利润表（损益表）。

利润表中把公司在一段时期内的收入减去开支，得到的就是利润（或亏损）。公司在一段时期内亏损，并不意味着公司就是负债的，因为公司可能在前一段时间赚到了足够的利润，从而允许这个季度出现暂时性亏损。

那么公司当前到底是资不抵债还是留有余粮？那就要看资产负债表。

资产负债表是公司在某个时间段上的财务状况的总结。简单地说，把公司累积的现金收入和其他收入，减去当期亏损和马上要支付的费用，就可以知道公司是否还有本金亏损。简易版的现金预算表如表 5-9 所示。

表 5-9　现金预算表

编制单位：甲公司　　　　　　　　　　　　　　　　　　　　2019 年 12 月 31 号

项目	2019 年
一、经营活动产生的现金流量	
销售商品、提供劳务收到的现金	28
收到的税费返还	
收到的其他与经营活动有关的现金	-4
经营活动现金流入小计	24
购买商品、接受劳务支付的现金	23
支付给职工以及为职工支付的现金	2
支付的各项税费	1
支付其他与经营活动有关的现金	2
经营活动现金流出小计	28
经营活动产生的现金流量净额	-4
二、投资活动产生的现金流量	
收回投资收到的现金	
取得投资收益收到的现金	
处置固定资产、无形资产和其他长期资产收回的现金净额	
投资活动现金流入小计	
购建固定资产、无形资产和其他长期资产支付的现金	7
投资支付的现金	

续表

项目	2019 年
支付的其他与投资活动有关的现金	
投资活动现金流出小计	7
投资活动产生的现金流量净额	7
三、筹资活动产生的现金流量	
吸收投资收到的现金	
取得借款收到的现金	15
收到的其他与筹资活动有关的现金	
筹资活动现金流入小计	15
偿还债务支付的现金	
分配股利、利润或偿付利息支付的现金	
支付的其他与筹资活动有关的现金	
筹资活动现金流出小计	
筹资活动产生的现金流量净额	15
四、汇率变动对现金及现金等价物的影响	
五、现金及现金等价物净增加额	4
加：期初现金及现金等价物余额	1
六、年末现金及现金等价物余额	5

三、呈现投资回报

1. 怎样找到保本销量

创业者一定要首先学会计算盈亏平衡点，必须对自己的经营状况做到心中有数，并且在以后的经营活动中严格财务制度，做好经营情况的统计和分析。

所谓保本销量，就是企业在不赔不赚的时候的销量。盈亏平衡时，月总利润＝总成本，这时的营业额或者销量，就叫保本销量，这个数字也就是盈亏平衡点。

2. 毛利和纯利

衡量企业盈利能力的指标是利润，其计算公式为：

$$营业利润（纯利）＝营业额－总成本＝营业额－（固定成本＋变动成本）$$

例如，某商店当日营业额为 24000 元，总成本为 16000 元，则利润为：

$$纯利润＝24000－16000＝8000（元）$$

毛利的计算公式为：

毛利＝营业额－进货成本

这时的成本里不包括在摊费用和营业费用、固定资产折旧等，仅仅是指进价。

例如，锦锦在她的服装店里卖了一条裤子，销售收入 150 元，但这条裤子的进价为 100 元，毛利就是：150－100＝50(元)。

创业者必须要有成本的概念，就是说，在这 50 元的毛利中，你还需要支出你店铺的房租、人工费、水电费以及固定资产的折旧等成本后，才是你的纯利润。

3. 如何计算投资回收期

投资回收期的计算，可以帮助创业者明白所有投入都需要一定的时间才可以挣回来。也就是说，不论创业启动资金的来源是亲情融资、个人积蓄、银行贷款还是基金扶持，都需要创业者用利润的积累一点点来抵偿。因此，首期投资越大，投资回收期越长。这就是大多数企业都是从小做到大的原因之一。

投资少，回收快，可以很快收到盈利的效果；投资大，回收慢，会有很长时间的经营都是为了收回投资。

投资回收期计算公式为：

投资回收期＝投资总额÷月利润＝可以收回的月份数

例如，某小企业总投资 18 万元，月盈利 8000 元，则投资回收期是：

$$180000÷8000＝22.5(月)$$

4. 基本的财务比率

比率分析法是企业财务报表分析中应用最多的一种方法。它在分析企业的偿债能力、资产营运能力、资产盈利能力方面具有广泛的用途。一般来说，在进行财务报表分析时要分析的基本财务比率，如表 5－10 所示。

表 5－10　基本财务比率表

基本财务比率	计算公式	指标揭示的问题
1. 反映偿债能力的指标		
流动比率	流动资产/流动负债	衡量用流动资产偿还流动负债的能力
速动比率	速动资产/流动负债	衡量用变现能力最强的流动资产偿还流动负债的能力
资产负债率	负债总额/资产总额	反映资产总额中负债筹资所占的比重
产权比率	负债总额/权益总额	反映负债受权益资本保障的程度

续表

基本财务比率	计算公式	指标揭示的问题
已获利息倍数	息税前利润/利息费用	反映偿付债务利息的能力：计算息税前利润是利息的倍数
2. 反映资产营运能力的指标		
应收账款周转率	年度销售收入净额/平均应收账款	反映年度内应收账款变为现金的次数
应收账款周转天数（平均收现期）	360/应收账款周转率	反映应收账款从获得权利到收回款项的平均天数
存货周转率	营业成本/平均存货	衡量年度内存货周转的次数；反映存货的流动性
存货周转天数	360/存货周转率	衡量存货是否有积压的趋势；存货销售转化为应收账款或现金的平均天数
流动资产周转率	营业总收入/平均流动资产	衡量用流动资产产生营业收入的能力
固定资产周转率	营业总收入/平均固定资产	衡量用固定资产产生营业收入的能力
总资产周转率	营业总收入/平均资产总额	衡量用总资产产生营业收入的能力
3. 反映资产盈利能力的指标		
营业净利率	净利润/营业收入	衡量营业收入的盈利水平，即1元的营业收入所提供的净利润
资产净利率（投资回报率）	净利润/平均资产总额	衡量企业资产的盈利能力
权益净利率	净利润/平均所有者权益	衡量投资者账面投资资产的盈利能力

说明：为简化计算，在计算基本财务比率时，一年按360天计算，季度和月份分别按90天和30天计算。

四、提出融资需求和方案

1. 资金链的重要性

企业作为经济活动的载体，以获取利润最大化为目的，但企业发展到一定规模时，往往就会陷入一种怪圈：效率下降，资金周转减速，严重影响企业正常运行。如某个企业的资金紧张，无法维持公司的健康运转，就会使公司经营不善，同时也让银行、股东们对公司失去信心，公司将难以得到资金支持，从而进一步加重资金紧张程度。再或者企业把自己很多资产都拿去抵押贷款上新项目，但新项目却没有像预期的那样高收益，而银行还款时间又到了，这个时候又借不到钱了，就叫资金链断裂，银行就会拍卖抵押资产，公司也将面临倒闭。

每个企业在发展初期，资金链都会存在这样那样的问题，但相较企业存在的其他问题而言并不突出，所以管理者大多不重视；当企业发展到一定程度（江浙一带一般以 3 亿产值为分界线）时，问题就会暴露出来。一些因资金链断裂而导致失败的企业，表面上看是资金链出了问题，其核心是企业缺乏管理财务风险和控制现金流的能力。

以前生产"脑黄金"的巨人集团的失败，后来德隆集团、三九集团的倒闭，原因都惊人的相似，即资金链断裂。可见，在企业的经营中，由于资金链断裂而导致的失败占了很大比例。

思考：锦锦和城城，谁更赚钱？

锦锦开了一家公司，专门做项目，月初投入 100 万元，月底赚回了 180 万元。

城城开了一家餐馆，生意也很好，每天投入 1 万元成本，当天可以销售 3 万元。

请问按月计算锦锦和城城谁的利润高？谁的利润率高？谁的资金周转率高？

我们说一家公司能活下来，是指有利润；一家公司活得不错，是指它的利润率比同行高；一家公司回报率高不高，还得看它的资金周转率。

在上述案例中，锦锦一个月赚到 80 万元利润，而城城只有 60 万利润，从利润角度，锦锦更高。但城城每天只用了 1 万元成本，收入 3 万元，利润率高达 200％，而锦锦的利润率只有 80％。更重要的是城城餐馆资金周转率更高，流动资金可以一天一次周转，所以她可以只用 1 万元启动业务，循环滚动，在一个月内累积赚到 60 万元回报。而锦锦的项目虽然利润更高，但是对资金占用非常高。所以尽管按月计算锦锦的利润更高，但利润率和周转率都不如城城。从某种意义上，在创业启动阶段，城城的项目生命力更强。

理解这个资金流动的概念，对创业者的启发就是尽量选择对资金占用小、资金回报率高、资金流动率高的项目起步，尽快获得创业需要的第一桶金。

大部分大学生创业者，对企业生存需要关注的现金流理解并不深。

所谓公司现金流，不仅仅是考虑这个月有没有钱，至少还要考虑未来一个季度的收入是否够用，否则公司的业务会难以持续。

要知道，太多的公司之所以死亡，不是因为业务没了，而是现金流断了。说好该来的钱没有到账，催债的把你告了，你就只好宣布破产。

2. 创业融资渠道

融资渠道即企业筹措资金的方向和通道，体现了资金的来源。对于创业者来说，能快速、高效地筹集资金，是初创企业站稳脚跟的关键，更是实现二次发展的动力。通常来说，创业启动资金的多少，应视创业项目大小和其所在的行业而定，一般情况下，有如下几种融资渠道。

种子轮：种子轮顾名思义，是最开始第一轮的融资，一般是运用于项目或者公司的起步。种子轮的资金来源很宽泛，不一定是正儿八经的投资公司融资，只要是能募集到的社会资金都能算作种子轮，包括亲戚之间的投资。

天使投资(Angel Investment)：天使投资所投的是一些非常早期的项目，有些甚至没有一个完整的产品和商业计划，仅仅只有一个概念。天使投资人通常是"3F"，即家人(Family)、朋友(Friend)和"傻瓜"(Fool)。天使投资是风险投资的一种，投入资金额一般较小。投资量级一般在 100 万元人民币到 1000 万元人民币。天使投资一般在 A 轮后退出。

风险投资(Venture Capital，VC)：VC 所投的通常是一些中早期项目，经营模式相对成熟，一般有用户数据支持，获得了市场的认可且盈利能力强，在获得资金后进一步开拓市场可以继续爆发式增长。投资节点一般在死亡之谷(valiey of death)的谷底。VC 可以帮助创业公司迅速提升价值，获得资本市场的认可，为后续融资奠定基础。

私募基金(Private Equity，PE)：PE 所投的通常是一些 Pre-IPO(上市前)阶段的公司，公司已经有了上市的基础，PE 进入之后，通常会帮助公司梳理治理结构、盈利模式、募集项目，以便能使其在 1~3 年内上市。

A 轮融资：此时公司有团队、有以产品和数据支撑的商业模式，业内拥有领先地位。公司产品有了成熟模样，开始正常运作一段时间并有完整详细的商业及盈利模式，在行业内拥有一定地位和口碑。此时，公司可能依旧处于亏损状态。资金来源一般是专业的风险投资机构(VC)，投资量级一般在 1000 万元人民币到 1 亿元人民币。

B 轮融资：此时公司商业模式已经被充分验证，公司业务快速扩张。公司经过一轮烧钱后，获得较大发展，一些公司已经开始盈利。商业模式、盈利模式没有任何问题，但需要推出新业务、拓展新领域，因此需要更多的资金流。资金源大多是上一轮的风险投资机构跟投、新的风投机构加入、私募股权投资机构(PE)加入，投资量级在 2 亿元人民币以上。

C 轮融资：此时公司商业模式成熟，拥有大量用户，在行业内有主导或领导地位，可以为上市做准备。公司已经发展到非常成熟的阶段，已经开始盈利，行业内排名基本前三，离上市不远了。这轮融资除了拓展新业务，也有补全商业闭环、写好故事准备上市的意图。资金来源主要是 PE，有些之前的 VC 也会选择跟投，投资量级在 10 亿元人民币以上。一般 C 轮融资后就是上市了，也有公司选择 D 轮融资，但不是很多。

D 轮、E 轮、F 轮融资：C 轮融资的升级版。

一般来说，一个公司从初创期到稳定成长期，需要三轮投资。第一轮融资大多是来自个人的天使投资，作为公司的启动资金；第二轮投资往往会有风险融资机构进入，为产品的市场化注入资金；而最后一轮融资则基本是上市前的融资，资金来自大型风险投资机构或私募基金。

拓展学习

国内较有影响的风险投资基金

（1）IDG 技术创业投资基金，是最早引入中国的 VC，也是迄今为止国内投资案例最多的 VC，曾经成功投资百度、携程、金融界、搜房网、慧聪、当当网、如家快捷酒店、搜狐、腾讯、一茶一坐、Mapbar、中国交友网、快乐米等公司。主要投资领域：软件产业、电信通讯、信息电子、半导体芯片、IT 服务、网络设施、生物科技、保健养生。

（2）软银中国创业投资有限公司，曾经成功投资阿里巴巴、盛大等公司。主要投资领域：IT 服务、软件产业、半导体芯片、电信通讯、硬件产业、网络产业。

（3）凯雷投资集团，是美国著名 PE，曾经投资太平洋保险集团、徐工集团等。主要投资领域：IT 服务、软件产业、电信通讯、网络产业、信息电子、半导体芯片。

（4）红杉资本中国基金，是美国著名互联网投资机构，投资过苹果电脑、思科、甲骨文、雅虎、Google、Paypal、格科微电子、亚洲传媒、UUSEE、奇虎、大众点评、文思创新等。

（5）高盛亚洲，为著名券商，引领世界 IPO 潮流，投资双汇集团等。

（6）摩根士丹利，为世界著名财团，投资蒙牛等。

（7）美国华平投资集团，投资哈药集团、国美电器等公司。

（8）鼎晖资本，投资过南孚电池、蒙牛等。

（9）联想投资有限公司，主要投资领域：软件产业、IT 服务、半导体芯片、网络设施、网络产业、电信通讯。

（10）浙江浙商创业投资股份有限公司（民企），主要投资领域：电子信息、环保、医药化工、新能源、文化教育、生物科技、新媒体等行业及传统行业中发生重大变革的优秀中小型企业。

（11）今日资本，2005年创立，是一家专注于中国成长型企业的国际投资基金，资金主要来自英国政府基金、世界银行等著名投资机构。已投资项目：我要钻石网、土豆网、真功夫等。

3. 企业融资估值与股权转让

企业融资时应该如何估值，一般出让多少股权比较合适？这个问题我相信每个创业者都曾想过。那么答案是什么呢？

行业不同，企业估值方法就不同；企业处于不同的发展阶段，其估值也不尽相同。但估值有一个基本定律，就是要考量企业现在或将来创造利润的能力。

一般来说，科技公司的估值比餐饮行业、商品生产行业等传统公司要高。例如，新餐饮企业的估值，一般是其收入的3～4倍。而流量快速增长的互联网公司，估值可能是其收入的5～10倍。

对于创业初期需要融资的公司，没有流量及用户数，也没有太多财务数据作为参考，那么投资人一般会以创始人的个人价值、创业团队的价值及项目的市场前景来判断估值。这样的估值很大程度上也包含了投资者的主观因素。

对于处于发展中后期的创业公司，估值就比较有据可依。投资人一般会通过创业公司过往几年的收入、现金流量、业绩等，再比对上市公司经营业绩来给企业估值，估值越大，融资越多。值得注意的是，在给公司估值时，非上市公司一般会比上市公司低25%～35%。

对于初创企业来说，给投资人的股权比例不宜过多，一般第一轮融资金额为几万元至几百万元不等，会占公司8%～25%的股权。对于发展方向比较好、创业团队优秀的公司，融资金额可以达到1000万元～2000万元，但是最多给投资人不超过30%的股权，一般给10%～20%的股权。

企业发展起来之后，会有风投公司进行投资，投资金额一般在2000万元以上，公司会给出20%～30%的股权。公司发展壮大，在上市之前还要进行几轮融资，融资金额为5000万元至数亿元。每轮融资，公司会给出10%左右的股权，一直到公司上市为止。

假设公司的两个股东分别占股70%和30%。公司经过天使投资，以及A、B、C、D四轮投资之后，股权分配情况如表5-11所示。

表 5 - 11　某公司融资后的股权分配情况表

公司股系	融资前占股	入使投资后占股	A轮投资后占股	B轮投资后占股	C轮投资后占股	D轮投资后占股
甲	70.00%	63.00%	50.40%	42.84%	38.56%	34.70%
乙	30.00%	27.00%	21.60%	18.36%	16.52%	14.87%
天使投资		10.00%	8.00%	6.80%	6.12%	5.51%
A伦投资			20.00%	17.00%	15.30%	13.77%
B轮投资				15.00%	13.50%	12.15%
C轮投资					10.00%	9.00%
D伦投资						10.00%
总计	100%	100%	100%	100%	100%	100%

　　总之，创业者尽量不要让给投资人过多股权，但可以适当将公司估值高些，这样既可以提高融资的金额，又可以少给投资人股权。公司越小越要珍惜股权，所以创始人最好规定一个出让股权的上限，超过这个上限就下调融资金额或选择不融资。

案例

亿唐网

　　不少人还记得2000年北京街头出现的大大小小的亿唐广告牌，"今天你是否亿唐"的那句仿效雅虎的广告词着实让亿唐风光了好一阵子。亿唐想做一个针对中国年轻人的包罗万象的互联网门户。他们自己定义了中国年轻人为"明黄一代"。

　　失败的教训：缺少定位，融资过多。

　　1999年，第一次互联网泡沫破灭的前夕，刚刚获得哈佛商学院 MBA 的唐海松创建了亿唐公司，其"梦幻团队"由5个哈佛 MBA 和两个芝加哥大学 MBA 组成。

　　凭借诱人的创业方案，亿唐从两家著名美国风险投资 DFJ、SevinRosen 手中拿到两期共5000万美元左右的融资。

　　亿唐宣称自己不仅仅是互联网公司，也是一个"生活时尚集团"，致力于通过网络、零售和无线服务创造和引进国际先进水平的生活时尚产品，全力服务所谓"明黄e代"的18~35岁之间、定义中国经济和文化未来的年轻人。

　　亿唐网一夜之间横空出世、迅速在各大高校攻城略地，在全国范围快速"烧钱"：

除了在北京、广州、深圳三地建立分公司外，亿唐还广招人手，并在各地进行规模浩大的宣传造势活动。2000年年底，互联网的寒冬突如其来，亿唐钱烧光了大半，仍然无法盈利。此后的转型也一直没有取得成功，2008年亿唐公司只剩下空壳，昔日的"梦幻团队"在公司烧光钱后也纷纷选择出走。

在我看来，亿唐失败的最大问题就是没有定位。这也是大部分互联网创业者公司的问题。浮夸，不愿意沉下心帮用户解决实际的问题，而是幻想凭钱就可以砸出一个互联网集团出来。亿唐对中国互联网可以说没有做出任何值得一提的贡献，也许唯一贡献就是提供了一个极其失败的投资案例。它是含着金钥匙出生的贵族，几千万美元的资金换来的只有一声叹息。

（摘自搜狐网：https：//www.sohu.com/a/121794541_465224）

▶ 项目小结

本项目通过寻找真实的市场需求，以公司定位、公司方向、公司发展规划的方法，介绍了如何获取真实的市场，并强调商业模式的重要性，成功的商业模式具有四个特征：能提供独特价值、是难以模仿的、是脚踏实地的、能重构整个生态系统圈。不难看出，商业模式的创新并没有一成不变的规律可循，而是要根据不同时代、不同市场的特性进行分析与决策。初创企业一定要结合市场、行业以及企业自身的定位和战略，设计出属于自己的商业模式。同时引导同学用客观存在的竞争的视角分析市场，识别和确定市场竞争者，了解竞争者的竞争优势，从而制定相应的竞争策略。在明确市场和竞争的基础上，介绍了将产品或服务传递给顾客的渠道和促销手段，以及为了顺利让顾客接受、强化产品或服务在顾客的认知层面进行的市场定位，介绍了市场营销的组合方法。另外，介绍了对市场分析、竞争分析和营销推广必不可少的市场调查方法，说明了市场调查的一般步骤。

复习思考题

1. 如何获取真实的市场？
2. 如何进行市场竞争分析？
3. 魏朱六要素商业模式模型包括哪些内容？
4. 从供给角度看，市场营销需要考虑哪几个方面？

讨论性问题

1. 从我们身边的大学生创业案例出发，分别举出采用低成本、差异化、集中化竞争策略的案例。
2. 从书中的"两个推销员"身上，我们得到什么启发？

实践性问题

1. 选好一个创业主题，用一句话概括自己创建公司的定位及愿景。

2. 产品通过什么来赚钱？

3. 以小组讨论的形式，选出身边同学的创业案例进行分析，看市场调查的流程安排与问卷设计情况如何，问题有哪些？

项目六 如何成立和管理新创企业

学习目标

- 了解工商登记注册的基本流程。
- 了解新创企业的组织设计和人力资源管理重点。
- 了解新创企业的运营管理知识。

项目导读

如果商业计划书是对未来美好的承诺，那实际的创业活动就是日常的"柴米油盐酱醋茶"。所有伟大的商业计划都是通过日常的管理和运营实现的。本项目介绍新创企业开办和实际运营中需要面临的一些实务，帮助有创业计划的同学尽快上手。

▶ 任务一 企业工商登记注册

创办一家合法企业，必须经过一系列的法定程序。

从 2016 年 10 月 1 日起，国家工商总局（现国家市场监督管理总局）施行"一表申请、一窗受理、并联审批、一份证照"的审批模式，将营业执照、税务登记证、社保登记证、统计登记证和组织机构代码证实现了"五证合一"，极大地提高了登记注册的效率。虽然这个环节看起来似乎很简单，并且很多中介平台可以提供代办服务，但新创企业真正要顺利地拿到这张"身份证"，创业者们还是要经历一番艰辛历程。

根据我国相关法律法规的规定，创办一家合法企业，原则上要经过七个步骤，如图 6-1 所示。

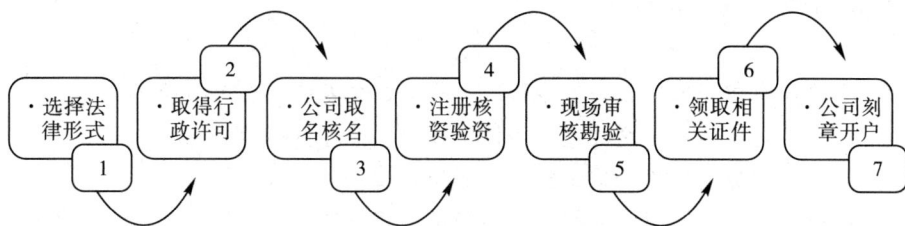

图 6-1 公司注册流程图

一、选择新创企业适合的法律形式

新创企业一般规模较小，抗风险能力较弱，选择以下四种法律形式较为适用：个体工商户、个人独资企业、合伙企业、有限责任公司。

(一)不同法律形式适用法律及企业类型参考

选择组织形式标志着创业从构想到实践迈出了第一步，一家新创企业应当根据国家相关法律法规要求及新创企业的实际情况，客观科学地选择一种适合自身的法律形式，表 6-1 给出了一些适用参考。

表 6-1 不同法律形式适用法律及企业类型参考

法律形式	细分类型	法律依据	适用参考
个体工商户	个人经营 家庭经营	《中华人民共和国个体工商户条例》	饭店、超市、奶茶店、幼托机构、婚姻介绍所等
个人独资企业	个人独资	《中华人民共和国个人独资企业法》	服务行业、管理咨询、营销策划、建筑设计、技术服务、会议展览、各类设计服务类型的企业等
合伙企业	普通合伙 有限合伙	《中华人民共和国合伙企业法》	律师事务所、会计师事务所和咨询类企业等
有限责任公司	普通有限 一人有限	《中华人民共和国公司法》	通用

(二)不同法律形式的利弊

1. 个体工商户

(1)规模较小，不得开设分支机构。

(2)有税收优势，可以采用核定征收，对某些特殊人群还可以减征免征。

(3)不具有法人资格，主要适合以家庭成员为主进行经营，具有一定的封闭性，有很多限制，市场竞争力不强。

（4）对债务承担无限责任。

2. 个人独资企业

（1）资产所有权、经营权、控制权以及收益权高度统一、灵活便捷。

（2）免交企业所得税，税收适用个体工商户生产经营所得。

（3）可以设置分支机构，连锁经营。

（4）投资人以其个人财产对企业债务承担无限责任。

3. 合伙企业

（1）合伙企业在税收和融资方面具有优势。

（2）合伙企业征缴个人所得税，采用先分后税的原则，多地采用较低税率核定征收。

（3）普通合伙企业因为承担无限连带责任，其业务发展范围也受到较大限制。

4. 有限责任公司

（1）可以是一人投资，也可以是多人投资，投资金额可高可低。

（2）承担有限责任，容易规避投资者资金风险。

（3）方便扩张，可以开设分公司。

（4）公司制因其独立的法人地位及规范的管理运营，在筹资发展方面具有天然的优势。

（5）缴纳企业所得税，相对个人所得税，税率较高，但大学生创业有政策支持。

【创业小贴士】

选择法律形式时，一定要适合企业当前的实际情况，随着企业的发展，企业法律形式可以申请变更或注销。

二、取得行政许可

以大学生创业较为常见的有限责任公司为例，根据《中华人民共和国企业法人登记管理条例》规定，工商登记注册之前还需要办理企业资质许可证。

企业资质是企业从事某种行业经营应该具有的资格及质量等级标准，是工商登记注册的前置程序。资质是企业合法持续经营、证明企业竞争力、影响企业发展命运的关键因素之一，应受到企业主的高度重视。新创企业可参照《国民经济行业分类》，根据具体需要自主选择一项或多项经营项目作为经营范围，并到当地相关行政部门申请取得资质许可。如：注册旅行社前需要到文旅局申办旅行社业务经营许可证；注册烟酒行需要到烟草专卖局申办烟草专卖零售许可证；开展互联网多媒体业务需要取得网络文化经营许可证等。

三、公司取名核名

根据《企业名称登记管理规定》（以下简称《规定》），企业名称经工商行政管理局核准登记注册后，在规定的范围内享有专用权，无特殊原因，在一年内不得申请变更。

很多初创业的企业主往往怀揣满腔热情，想给自己的企业取一个好听且有内涵的名字，但是几轮核名下来却都没能审核通过。出现这种问题，是因为企业主没有搞清公司取名的相关规定。其实，公司取名也是有章可循的，一般可以采用四要素公式法，如下所示。

行政区划＋字号(或商号)＋行业(或经营特点)＋组织形式

例如：深圳市腾讯计算机系统有限公司、四川书亦餐饮管理有限公司。

1. 行政区划

《规定》要求，企业名称应当冠以企业所在地省(自治区、直辖市)或者市(州)或者县(市辖区)行政区划名称。

但是我们也经常看到使用"中国""中华"，冠以"国际""全国""国家"，或不冠以企业所在地行政区划名称的企业名称。这类企业一般为全国性企业、大型企业集团、老字号或外商投资企业，如中国石油天然气、国家电网、阿里巴巴网络技术有限公司。

需经国家工商行政管理局(现国家市场监督管理总局)核准或核定，在全国范围内，同行业企业名称不得相同或近似。

2. 字号

企业字号应当由两个以上的字组成。可以用县级以下行政区划的本地或者异地地名作字号，私营企业可以使用投资人姓名作字号。但根据《规定》，企业名称不可以含有下列内容和文字：

- 有损国家、社会公共利益的；
- 可能对公众造成欺骗或者误解的；
- 外国国家(地区)名称、国际组织名称；
- 政党名称、党政军机关名称、群众组织名称、社会团体名称及部队番号；
- 汉语拼音字母(外文名称中使用的除外)、数字；
- 其他法律、行政法规规定禁止的。

3. 行业

企业应当根据其主营业务，依照国家行业分类标准划分的类别，在企业名称中标明所属行业或者经营特点。

4. 组织形式

企业应当根据其组织结构或者责任形式，在企业名称中标明组织形式。所标明的组织形式必须明确易懂。

拓展学习

公司取名常见问题

问题：公司名称明明没有被注册，还是不能通过审核？

原因：我国《企业名称登记管理规定》第六条规定，企业只准使用一个名称，在登记主管机关辖区内不得与已登记注册的同行业企业名称相同或者近似。

解决方案：

1. 多取几个心仪的名字备用；

2. 用系统推荐公司名称，以注册商标打造品牌，不仅能为企业提供保护，从长远来看还可以促进企业的发展，增加企业的附加价值。

四、核资验资

取得《企业名称预先核准通知书》以后便可以到银行办理"开立单位结算账户"。2013年新公司法放宽了注册资本登记条件，将注册资本实缴登记制改为认缴登记制，取消了公司股东（发起人）应当自公司成立之日起两年内缴足出资，改为投资人可以在五年内缴足出资额；取消了一人有限责任公司股东应当一次足额缴纳出资的规定。但是一些特定行业还是需要实缴验资。

五、审核勘验

勘验内容包括申请人是否具有固定经营场所、经营项目与工商营业执照的经营范围是否一致等开业必备条件。

六、领取证件

前面几步顺利完成后，企业主将顺利领到营业执照正、副本。

七、刻章、开户（公司基本户）

完成以上六步之后，注册流程还没有结束，你还需要完成最后一步，即刻章、开户。核名通过之后，企业主便需要到公安部门指定的印章中心制作公司印鉴章，一般有公章、法人章、财务专用章，有的公司根据业务需要还可以增刻发票专用章、合同专用章、业务专用章等。拿到营业执照后便可以到银行开具"基本户"，所需资料有：营业执照正副本、公司章程、法人身份证原件、公司印鉴章以及相关表格。注册完成后，你将拿到合法开业大礼包——营业执照、三章（公章、法人章、财务专用章）、银行开户许可证。

拓展 学习

登记注册后续事项

很多企业拿到营业执照后，业务还并没有开展起来，但是营业执照一旦交付给企业主，从法律上就代表这家企业正式开业，就应履行相关义务。

1. 报税纳税

在实际的工作当中，大多企业选择上门申报的方式来进行税款的申报，纳税人或是扣缴人可以在纳税申报期间到主管部门的办理大厅办理纳税申报工作。除了这种上门申报以外，还可以采取邮寄的方式进行申报，纳税人在邮局办理相应的纳税申报工作，可以使用纳税的专用信封，以邮局的收据作为税款的申报依据，以寄出的时间以及实际申报的日期为基础进行上报。

2. 社保申报

按照我国劳动法相关规定，参保单位还要及时到社保部门为员工申报各项社会保险。企业主如未按要求履行用工义务，将会受到劳动行政主管部门的行政处罚。

▶ 任务二 组织设计和人力资源

虽然大多数新创企业规模较小，可能有些时候一人兼数职，甚至也有个人光杆司令创业的。但麻雀虽小也要五脏俱全，研发、生产、市场、财务、人事、行政这些生理机能齐全了，企业才有机会发展壮大。

一、组织与组织建设

随着创业活动的发展，当靠企业主亲力亲为无法或难以有效实现目标时，就必须借助他人的力量，组织也就应运而生。

"组织"就是一个利益共同体，组织成员受群体规范的约束，技能互补，有效克服个人力量的局限性，借助群体的力量努力实现共同目标，并与其成员共享成果。

组织建设是通过运用一系列的优化结构与激励措施，调节组织内部人力资源结构，实现组织绩效的最大化发展。如果说组织是理论，那么组织建设就是实践。

二、典型的组织和团队类型

对于任何一家公司来说，团队的结构都不是偶然产生的，而是为了顺应企业的发展而形成的一个相对稳定的组织形式。虽然为了便于决策和执行，新创企业一般会选择自上而下的军队型创业团队形式，但这类团队形式强调团体风格和集体利益，较难突显个人色彩，比较适用于规模化、标准化管理的团队。而对于市场形势变化较快、用户需求发展瞬息万变的行业，团队成员对外界的变化快速做出响应的能力才是核心竞争力。因此，团队需要赋能，而不是简单粗暴的命令，团队的组建形式要根据自身情况量体裁衣，比如：能发挥个人优势的球队型团队、微软的项目协作团队、Apple 公司以乔布斯为中心的中心化团队、Facebook 公司的去中心化网状结构团队等。

三、新创企业组织设计

组织设计是对组织活动进行专业分工和建立有机协调系统的过程。具体任务就是建立组织结构和明确组织内部的相互关系，提供组织结构图和部门职能说明书、岗位结构图和岗位职责说明书，如图 6-2 所示。

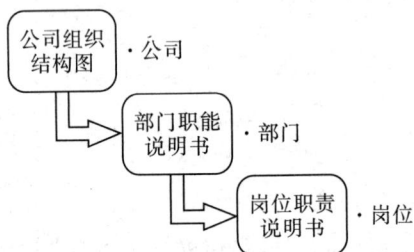

图 6-2　组织设计的内容

1. 公司

公司的组织结构通常用结构图来表示，通过直观图示的方式，表明组织中的部门设置情况和权力层次结构，直观反映组织内部分工和各部门上下隶属关系，便于工作中的纵向汇报和横向协作。

2. 部门

与组织结构图中的部门相对应的是部门职能说明书，一般包括：部门名称、上下隶属关系、协作部门、主要职能、岗位设置等内容。通过部门职能说明书，可以清楚地了解该组织中各个部门的职能分工情况。

3. 岗位

岗位是由一组有限的工作集合而成的。部门内部的分工情况可用岗位结构图表示。岗位结构图表明组织中的各种岗位及岗位间的权力关系。各岗位的具体职责和上岗人员素质要求则可在岗位职责说明书中表明。

拓展学习·

适合新创企业的组织结构

对于新创企业而言，新的组织面临许多未知挑战，业务较为扁平，一般采用较为精简的组织形式，因此，一般适用直线管理制组织结构。

新创企业可以根据业务需要设置机构或部门，将企业内部划分为垂直管理的层次进行垂直管理。各级管理层负责人直接行使对下级统一的管理职能，一个下级单位只对一个上级负责，如图6-3所示。这样的好处在于信息沟通网络不复杂，机构简单、权责分明、反应迅速、工作高效。

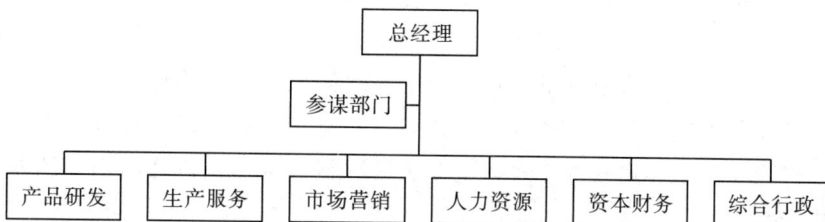

```
              总经理
                |
            参谋部门
                |
   ┌────┬────┬────┼────┬────┬────┐
 产品研发 生产服务 市场营销 人力资源 资本财务 综合行政
```

图6-3 直线管理制组织结构图

新创企业的组织结构设计一般应遵循"精简原则"，但企业的组织结构也应随着企业发展而及时调整。

规范的组织结构是科学管理的起点和基础，它可以对创业企业未来发展产生以下积极效果，具体如表6-2所示。

表6-2 规范的组织结构产生的效果

积极方面	好处
资源匹配发展	发现薄弱环节，不断完善补充
考核提高效率	开发利用员工专业技能，调动员工积极性，提高效率
提供职业路径	满足员工发展能力和需求，培养忠诚度
稳定工作关系	权责清晰，利于配合沟通，确保工作关系的稳定

因此，设计一个适合企业当下的组织结构并实施科学管理是非常重要的，可以通过组织结构的合理设计，落实战略，凝聚群体力量，为共建企业的整体大厦夯实基础。

四、新创企业常见的人力资源管理问题

创业初期，企业人员结构单一，加之生存是这个时期的第一要务，所以一般情况下新创企业都是重业绩轻管理，但问题也会随之而来。

一是，任人唯亲，导致管理难以执行。

二是，薪酬考核体系不完善，导致要么人员工作不积极，要么人员流失严重。

三是，职业发展路径不畅通，留不住人才。

因此，新创企业应结合自身情况，适时调整企业人力资源管理重心，采取有效措施。

五、新创企业人力资源管理重心

1. 建立制度，培养文化

任何一家企业，都可以通过规范的制度进行管理。在人事管理方面，新创企业也可以通过员工手册等方式制订薪资方案、考核标准、考勤制度、奖惩条例等。但是，新创企业由于自身发展等诸多原因，不能仅仅依靠"法治"。著名管理大师德鲁克认为，一个优秀的组织，可以使每一个普通员工取得他所能取得的更好绩效，能使每一个人用自己的长处来帮助其他人取得绩效。

因此，新创企业要快速凝聚力量，稳定人才队伍，就应该想方设法把员工的个体行为与组织行为统一起来，建立良好的组织文化和组织习惯。通过建立制度的硬件措施和建设文化引导的软件方式，规范员工、树立优秀的行为准则，从而激发员工的工作热情和创造性。

2. 工作分析

所谓工作分析，就是把员工担任的每项工作内容加以分析，清晰地确定该职位的工作性质、特点以及与组织内工作之间的相互关系，并确定操作人员在履行工作时应具备的知识、技能与责任。新创企业可以通过"5W1H"工作分析公式来对工作进行分析定岗，避免因人设岗，造成资源的浪费，具体如图6-4所示。

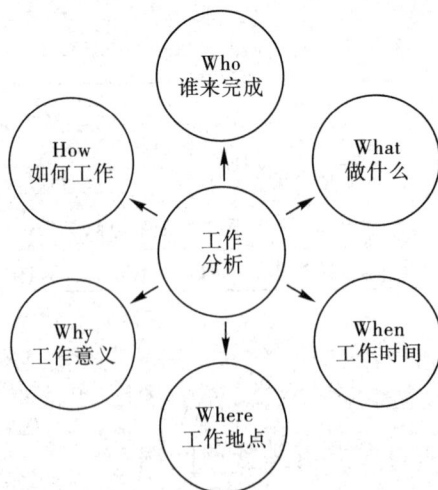

图 6-4　"5W1H"工作分析

3. 员工招聘

企业发展的各个阶段都必须有相应的人才作为支撑，但是优秀人才的出现可能是偶然的，他不会按照公司的需求随时出现，对于一个初创型公司，需要不断留意、培养并且储备人才，避免"用时无人"的情况，因此，招聘工作也已然成为人力资源管理工作的常态化内容。

拓展学习

什么时候招人？从哪里招？

储备人才是一项应该纳入日常工作的任务，但是正式接收人才进入团队的时间则需要把握。我们可以储备很多的候选人，但是要把握人才具体进入的时间点。初创公司得以迅速补充人手以配合企业发展的前提，是前期人才探索和储备工作做得到位。这些人才应该早就在管理者的储备里，随时都可以立刻入职并开展工作。所以这两步要配合使用，才能发挥最佳效果。

进人要与公司战略和业务发展相匹配。公司发展是一个螺旋上升的动态过程，公司需要的人力也会随之发生变化。公司的业务上升了一点，然后发现人手不够了，于是增加了新员工，推动业务又上升到一个新的高度。在新的层次上，人力又不够了……人力需求和公司发展二者之间永远是这样一个过程。

那么，在什么情况下，我们真的需要增加人手呢？

第一种情况：能力不足。

面对现有业务，依靠现有人员的能力，最多只能满足50%到75%，这个时候管理者要考虑从外部引入一些更加有能力的人来弥补现有的空缺，带领这块业务去发展。

第二种情况：重复劳动，负担过重。

员工在能力上没有缺口，但在重复劳动的时候，现有的员工承担的工作达到了他现有的时间负荷的1.25～1.5倍。这个时候，我们需要考虑的是立刻增加人手，而未来这个方面的人手可能也会被机器人替代。

另外，有些时候我们感觉到团队内部存在疲态或懈怠，从外部招募一些人员加入，能够带入一些新的灵感和文化，对激发组织的活力也是有帮助的。

4. 培训与开发

员工的培训与开发有助于改善企业的绩效，有助于提高员工的满足感，有助于培育良好的组织习惯和企业文化。根据不同的人员及目的，常见的培训有以下几种。

(1)新员工导向培训。向新员工介绍组织情况和企业文化，介绍工作任务和规章制度，使员工尽快进入角色。

(2)员工岗前培训。主要为新员工上岗前以及老员工岗位异动的岗位职责及专业技能培训。

(3)员工岗上培训。主要是围绕工作需要，提供各种知识、信息、技能和态度等形式的继续教育培训活动，帮助员工提高工作效率。

(4)管理人员开发。通过研讨、交流、考察等方式，使管理人员建立良好的心理素养，掌握必要的管理技能，分享先进的管理知识和经验，从而提升整个组织的管理绩效。

(5)员工职业生涯开发。通过提供各种咨询和发展渠道，激励员工开展职业生涯规划，使个人目标与组织目标结合起来，培育员工的事业心、忠诚度与奉献精神。

✍ 案例

乔治·波特（George Boldt）——希尔顿饭店首任总经理

这是发生在美国的一个真实故事：一个风雨交加的夜晚，一对老夫妇走进一间旅馆，想要住宿一晚。

无奈旅馆的夜班服务生说："十分抱歉，今天的房间已经被早上来开会的团体订满了。若是在平常，我会送二位到别的旅馆，可是我无法想象你们要再一次的置身于风雨中，你们何不待在我的房间呢？它虽然不是豪华的套房，但是还是蛮干净的，因为我要值班，我可以待在办公室休息。"

这位年轻人很诚恳地提出这个建议。

老夫妇大方地接受了他的建议，并对造成服务生的不便致歉。

隔天雨过天晴，老先生要前去结账时，柜台仍是昨晚的这位服务生，这位服务生依然亲切的表示："昨天您住的房间并不是饭店的客房，所以我们不会收您的钱，祝您与夫人旅途愉快！"

老先生点头称赞："你是每个旅馆老板梦寐以求的员工，或许改天我可以帮你盖栋旅馆。"

几年后，他收到一位先生寄来的挂号信，信中说了那个风雨夜晚所发生的事，另外还附一张邀请函和一张纽约的往返机票，邀请他到纽约一游。

在抵达曼哈顿几天后，服务生在第5街及34街的路口遇到了这位当年的旅客，这个路口正矗立着一栋华丽的新大楼，老先生说："这是我为你盖的旅馆，希望你来为我经营，可以吗？"

这位服务生惊奇莫名，说话突然变得结结巴巴："你是不是有什么条件？你为什么选择我呢？你到底是谁？"

"我叫作威廉·阿斯特，我没有任何条件，我说过，你正是我梦寐以求的员工。"

这旅馆就是纽约最知名的华尔道夫 Waldorf 饭店，这家饭店在 1931 年启用，是纽约极致尊荣的地位象征，也是各国的高层政要造访纽约下榻的首选。

当时接下这份工作的服务生就是乔治·波特（George Boldt），一位奠定华尔道夫世纪地位的推手。

（摘自百度文库网：https：// wenku. baidu. com/view/54e2203c7fd184254b35eefdc8d376eeafaa1776. html）

▶ 任务三　管理运营新创企业

企业合法成立后，创业公司才算真正起飞，就像飞机从地面腾空，光有目的地是不够的，想要这架飞机飞得又快又稳，高效的运营就是燃料补给。

良好的运营管理应覆盖企业从计划、组织、实施到控制的各个环节，是一个从投入、转化到产出的良性闭环，从本质上说，就是通过劳动实现价值增长的全过程。

现代运营管理的范围已经有了较大的延伸，不再局限于供产销的过程，而是扩大到包括运营战略的制订、运营系统的设计以及运营系统运行等多个层次和内容，将运营战略、选址规划、设施布置、采购供应、生产服务流程、质量管控等作为一条完整的"价值链"进行集成管理。以下将对新创企业涉及的运营管理知识做相关介绍。

一、运营战略

运营战略包括生产或经营场所选址、规模、设施布置、生产力工艺、服务流程等。

关键要做到：最大程度有效利用企业的关键资源；支持企业的长期竞争战略；符合企业的总体战略规划。

二、选址规划

选址规划通常涉及两个层面，从选择大体区域到具体定址，如：从国家、地区、省市等区域中确定选址，即选择建设项目或设施的具体地理位置。

1. 选址规划的一般程序

选址规划的一般程序如图 6-5 所示。

```
┌──────────┐     ┌──────────┐     ┌──────────┐
│ 确定选址  │ ──→ │ 收集与选址 │ ──→ │ 识别地址的 │
│ 总体目标  │     │ 有关的信息 │     │ 重要影响  │
└──────────┘     └──────────┘     └──────────┘
                                         │
                                         ↓
┌──────────┐     ┌──────────┐     ┌──────────┐
│ 对备选地址 │ ←── │ 确定可供选择 │ ←── │ 确定选址  │
│ 进行评价  │     │ 的具体地址 │     │ 候选区域  │
└──────────┘     └──────────┘     └──────────┘
      │
      ↓
┌──────────┐
│ 选择最佳地址 │
└──────────┘
```

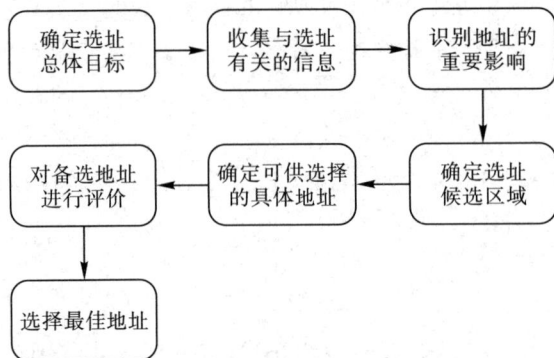

图 6-5　选址规划的一般程序

2. 选址需考虑的因素

不同的行业选址考虑的因素有所不同，因此，选址必须对所处区域的商业环境、客户构成、竞争对手以及交通情况进行调研。下面简要介绍几个行业选址时需要考虑的因素。

(1) 餐饮业

餐饮业包括大型酒店、休闲餐饮、小吃快餐等多种类型。车多人少的地方适合开办大酒店；人多车少的商务区适合中高档餐厅；人员密集的市场区、工业区、大学园区适合中低档餐厅；居民区则要根据周边消费水平决定。

(2) 服务业

为及时便捷服务顾客，服务业企业需要选择在目标客户较为集中的区域，以便顾客找到或刺激潜在客户消费。但同时也需注意估算市场总规模、剩余份额以及开展竞品分析。

(3) 贸易业

贸易类企业则应考虑业态，便利策略、聚合策略都能聚集人气，产生"规模效应"，如商业街、购物中心等都会选择在交通便利、人流量大的区域。

(4) 制造业

制造业企业一般不会选择在寸土寸金的核心商圈或刺激商圈，而是青睐离终端市场有一定距离，但是交通物流便利的郊外。这样做一方面是利于厂址的建设和将来扩建，设施设备的组装，产品的生产储存；另一方面也是出于成本的考虑。

三、设施布置

生产或服务设施布置是指合理安排各部门辅助设施的相对位置和面积，以确保工作流与信息流的畅通。一般遵循以下原则。

（1）满足生产原则

设施设备的布置以满足生产为标准，避免相互交叉和迂回运输，以利于缩短生产周期，节省生产费用。

（2）利于协作原则

生产联系和协作关系密切的单位应相互靠近布置，比如机械加工和装配车间应该安排在相邻的位置上。

（3）交通便利原则

充分利用现有运输条件，如公路、铁路、港口及航空等公共运输渠道。

（4）地理优化原则

按照生产性质、防火和环保要求，合理划分厂区，如热加工车间区、冷加工车间区、动力设施区。为了减少居民生活区的污染，生活区应设在上风区。

（5）留有余地原则

在考虑防火和卫生条件下，总平面布置应力求占地面积小，工厂布置应考虑留有扩建的余地。

四、采购管理

1. 采购管理的内容及分类

采购管理是运营中非常重要的一个环节，产品成本中有超过50％来自外购零件或辅料，在规模经济效益下，成本的节约直接影响利润的多少。采购管理的目标是为支持产品或服务计划的有效实施，其内容包括：选择供应商、合同谈判、优化供应商基础、节约成本及供应商管理等。

采购一般分为集中采购和分散采购。集中采购是由一个部门负责采购，利用大单优势获取更低的价格和更好的服务；而分散采购是由各部门自行采购以满足生产管理需求的物资，分散采购比集中采购速度快，能够节约运输和时间成本。

2. 采购的一般流程

采购的一般流程有：编制采购计划、选择供应商、竞价性报价和谈判、拟订和发出订单、跟踪订单、验货收货、支付货款并登记入库。

五、供应商管理

（一）供应商关系分类

供应商分类可以依据企业与供应商的关系来进行，通常有两个指标，即："供应商对本单位的重要程度"和"本单位对供应商的重要程度"，一般采用供应商矩阵分类法进行，如图6-6所示。

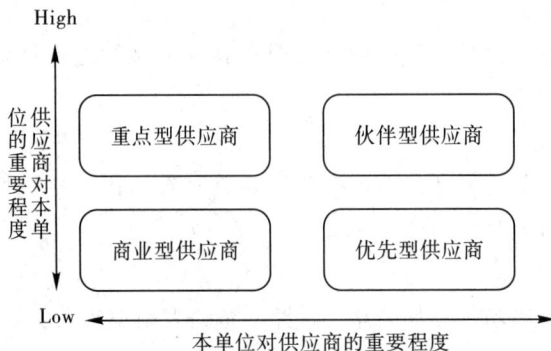

图 6-6　供应商矩阵分类

　　重点型供应商是卖方市场，企业应重点改进并增强与其的合作关系；伙伴型供应商是供需双方形成鱼水关系，也是企业战略合作伙伴，企业应高度重视；优先型供应商对企业有利且管理成本低，维持现状即可；商业型供应商对双方都不重要，一般为短期、零星合作，随时可中断或退出。

　　(二)供应商选择原则

　　1.目标定位原则

　　企业在寻找和确定供应商时，应根据目标客户的属性，充分考察供应商、商品品质、采购数量、价格要求等。建立供应渠道时应既能保证企业对产品品质的要求，又能满足企业对产品价格的要求。

　　2.优势互补原则

　　企业在选择供应商时应全面了解其在生产供货能力、核心技术水平、优势因素等方面的具体情况，尤其在重要原材料的采购渠道上，应重视选择优势互补的供应商，以利于在长期合作中形成稳定的良好局面。

　　3.择优录用原则

　　在选择供应商时，如果报价及交货条件相同，还应考虑企业信誉及形象。企业应避免晕轮效应，被供应商某一个方面的优势吸引，比如只看价格而忽略了品质和交货能力等。因此，企业需要综合考虑各方因素，权衡利弊，作出最优化的选择。

　　4.共同发展原则

　　每一家企业都在整个市场环境中扮演着一个角色，或竞争，或合作。在激烈的市场竞争中，离不开上下游企业间的通力协作，健康的市场环境也离不开企业间的共同发展。因此，是否能共同发展就成为企业在寻找和建立长期合作伙伴时的重要参考条件。

　　(三)供应商选择步骤

　　供应商选择步骤如图 6-7 所示。

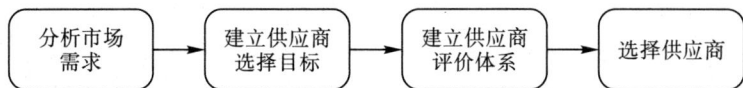

图 6-7　供应商选择步骤

(四)双赢供应关系管理

信息交流与共享机制：减少博弈性行为。如建立内部信息交流、实施并行工程、建立联合任务小组、人员互访、开放企业资源计划（Enterprise Resource Planning，ERP)登录等。

供应商激励机制：利益分享。

供应商业绩评价：透明的反馈以及必要的服务。

六、质量管控

运营的实质目的就是吸引用户和留住用户。产品或服务的质量直接影响用户的满意度，进而影响到企业占有的市场份额，只有拥有了更大的市场份额才能实现更高的经济效益和社会效益。这也正是任何一家企业都把质量作为"生命线"的重要原因。

现代企业管理中常用的质量控制方法有全面质量管理(Total Quality Management，TQM)、6Q管理等。随着经济全球化的发展，ISO质量管理体系吸收了国际上许多先进的质量管理理念，具有很强的指导性，目前全球有70多个国家和地区直接使用或参考ISO质量管理体系，并将其转化为国家标准执行。

案例

依托铁路优势资源　以市场化手段实现创收

今年以来，新铁客服公司大力践行集团公司"强基达标、提质增效"工作主题，坚持"依托铁路优势资源，先开发，后经营"的经营理念，解放思想，转变观念，大力推进乌鲁木齐新客站VIP候车厅、舒雅休闲厅外包经营，创收336万，实现了运营质量、经营效益的"双赢"。其做法和经验，值得各单位学习借鉴。

具体做法

1. 解放思想，找准经营定位

新铁客服公司领导班子按照集团公司、集团公司党委"引入新的经营管理模式，推进新客站VIP商务贵宾厅外包经营。"的经营要求，围绕新客站VIP候车厅、舒雅休闲厅商业项目开发如何更加符合市场规律、如何以更加市场化的方式运作等内容，成立了由公司主要领导带队，业务主管副总、车站分公司经理组成的业务考察小组，分别到成都东、重庆北、广州南、贵阳北等车站，对 VIP 候车厅外包业务、商业运作、服务项目等内容进行深入全面地考察，学习成熟经验，开拓工作思路。考察回来后，公司领导班子积极学习借鉴外局经营经验，广开思路、积极探索，转变过去"自管自营"的商业经营模式，提出了"既有资源必须与社会资源融合发展"的工作思路，形成了"依托优势资源，引入社会资本，实现经营效益最大化"的工作定位。

2. 调研摸底，明确经营策略

明确工作定位后，新铁客服公司领导班子决定由主管副总牵头，组建专题项目组，围绕乌鲁木齐站 VIP 候车厅、舒雅休闲厅是否具备外包经营可行性主题，围绕其地理位置、经营情况、自身优势、发展前景等内容，从完全市场化运作的角度切入，开展针对性调研，得出了外包经营完全可行的调研结果。之后，新铁客服公司领导班子召集经营开发部、车站分公司等专业部门围绕"如何引入强力社会资本""如何实现质量与效益并重""如何顺利实现资产外包"等重点内容，先后召开了 3 次座谈讨论，最终确定了"整体外包、公开招商、广泛宣传、精选团队"的经营策略。

3. 精准招商，引入强力资本

为引入有实力、有经验的社会资本，新铁客服公司组建专项招商组，全盘策划招商方案。宣传方面，在《消费者晨报》《新疆经济报》、乌铁招商网页、"今日头条"手机 APP 等平台同步发布招商信息；安排专人利用互联网查找国内 VIP 候车厅成熟的运营企业，通过电话进行"点对点"的精准宣传，以"纸媒＋互联网＋新媒体"联动宣传的方式，扩大宣传影响力和覆盖面。评估资产价值方面，公司邀请专业评估机构对乌鲁木齐站 VIP 候车厅、舒雅休闲厅开展资产评估，科学评定两处开发资产的商业价值，为精准招商奠定基础。经过公开招商，最终北京和谐时代企业管理有限公司、北京金色世纪商旅网络科技股份有限公司两家最具实力的社会资本与公司签订合作协议。

4. 固化经验，推广最优模式

乌鲁木齐站 VIP 候车厅、舒雅休闲厅外包经营后，在服务上，借助北京和谐时代企业管理有限公司、北京金色世纪商旅网络科技股份有限公司成熟的经营模式、服务品质，以及覆盖全国机场、高铁服务网络的"金色逸站"等优质服务资源，使新客站客运延伸服务质量得到了显著提升，吸引了更多高端商务人群。在经营上，VIP 候车厅由过去自营年收入约 29 万元，增长至 126 万元；舒雅休闲厅由过去自营年收入约 100 万元，增长至 210 万元，并节约人工费每年近 60 万元，实现了高水平管理、优质化服务和最大化收益。通过此次引进专业团队经营的尝试，公司上下的经营观念得到了极大的转变，"借力发力"的专业化外包经营更成为公司资产经营开发的"模板"，为未来盘活闲置优质资源，创造更多经济效益，奠定了坚实的基础。

（摘自搜狐网：https：//www.sohu.com/a/208505695_99917511）

▶ 项目小结

从 2016 年 10 月 1 日起，营业执照、税务登记证、社会保险登记证、统计登记证和组织机构代码证实现了"五证合一"，极大地提高了登记注册的效率。创业者需要在创业之初了解不同组织形式的优缺点，结合自身情况做出最优选择。之后应按照要求提供相应材料，编写有关文件，并申请注册，取得营业执照，进行合法经营。同时需要了解和遵守国家有关的法律法规。

企业创办初期的管理有一定特殊性，为了顺应企业的发展而形成的一个相对稳定的组织形式。新创企业一般会选择自上而下的军队型创业团队形式，但这类团队形式强调团体风格和集体利益，较难突显个人色彩，比较适用于规模化、标准化管理的团队。而对于市场形势变化较快、用户需求发展瞬息万变的行业，团队成员对外界的变化快速做出响应的能力才是核心竞争力。因此，团队需要赋能，而不是简单粗暴的命令，团队的组建形式要根据自身情况量体裁衣。

同时，为使创业企业获得更好发展，创业者需要关注影响新企业成长的内外部因素，如运营战略、选址规划、实施布置、采购管理、供应商管理等，让企业得以健康发展。

复习思考题

1. 初创公司，如何选择法律形式？

2. 为什么很多新企业销售收入增长很快，但没有利润？

3. 新企业管理有什么特殊性？

讨论性问题

1. 分析 Facebook 的去中心化网状结构团队的特点。

2. 你怎么理解招人要与公司战略和业务发展相匹配这句话？

3. 优秀企业与落后企业的差距有哪些？

实践性问题

走访身边 1~2 家创业企业，要求：

1. 了解其采用的法律形式及其采用该法律形式的原因。

2. 企业在创办和运营过程中遇到的关键事件，讨论其行动策略及其对后续发展的影响。

3. 企业在创办和运营过程中的风险及其应对策略。

4. 以团队的方式将上述内容做成 PPT，在班级分享。

项目七 用路演敲开创业之门

学习目标

- 了解路演的基本知识。
- 掌握路演 PPT 的制作技巧。
- 掌握路演的技巧。
- 了解大学生的不同路演场合及其目的。

项目导读

　　创业者在着手创业之前，是创业设计的过程。找到一个商业机会，并且设计成有吸引力的商业项目和合理的商业计划。这个过程不仅可以帮创业者思考和论证项目是否可行，也是创业者找到更好的合伙人和吸引投资的必经之路。

　　在创业的道路上，资源较为稀缺。为了争取那些稀缺的资源，商业计划书、路演、商业 PPT 是不可或缺的三大法宝。在某些时候，路演是第一步，只有先激发投资人的兴趣，才会有后一步。路演能以集大成的方式，在很短的时间内把项目最重要、最精彩的地方呈现出来，它要求创业者既要有对接市场和投资者的思维，又要有透彻把握一个创业项目的设计重点的能力，还要有清晰的商业逻辑。它不仅仅是一个"演讲"，更考验着创业团队进行创业设计的能力。

　　在本项目的开始，我们先来了解在路演中创业者应该呈现出什么样的内容，如何才能抓住投资人的心。以这个结果为导向，创业者对创业设计的过程会有更加清晰的认识。

　　综上所述，我们很容易看出，路演最原始也是最核心的目的就是争取资源。在竞争激烈的商场环境中，"新生劣势"的规律的确让新创企业常常面临资源匮乏的困境，这里的资源不仅仅是资金，还包括人才、机会等。

　　蒂蒙斯创业模型告诉我们，成功的创业活动必须对创业机会、创业团队和创业资源三者进行适当的匹配，并且随着创业活动的发展而不断调整，使之实现动态平衡。创业活动始于商机，通过创业团队，设法获取创业所需资源，并据此实施创业计划。虽然获取创业资源的途径很多，但是在日新月异、竞争激烈的商业环境中，每天都会涌现无数的创业项目，因此，对于新创企业，这种"先加油，再出发"的策略无疑最为稳妥。

那么，如何在企业创建和发展的过程中不断获取外部资源，为企业的成长和发展助力呢？在这场资源争夺战中，我们如何通过几分钟的路演敲开创业之门呢？

本项目中，我们将一起来探寻不同场合达到路演目的的有效方法，以及如何呈现商业路演这场精彩的"秀"，让资源方产生"非你不可"的冲动。

▶ 任务一　设计有吸引力的路演

一、了解商业路演的概念

路演是指通过现场演示的方法，引起目标人群的关注，使他们产生兴趣，最终达成销售；是在公共场所进行演说、演示产品、推介理念，以及向他人推广自己的公司、团体、产品、想法的一种方式。

路演是近几年非常流行的一种商业推广和产品宣传形式，融资要路演，产品发布要路演，创业大赛要路演，就连电影上线也要路演。……但是路演并不是一个新兴事物。

路演(roadshow)最初是国际上广泛采用的证券发行的推广方式，指证券发行商通过投资银行家或者支付承诺商的帮助，在初级市场上发行证券前针对机构投资者进行地推介活动；是在投资、融资双方充分交流的条件下促进股票成功发行的重要推介、宣传手段，促进投资者与股票发行人之间的沟通和交流，以保证股票的顺利发行，并有助于提高股票的潜在价值。

新经济时代，路演的形式、作用和内涵早已有了延伸，商业活动中的路演已经成为包括新闻发布、产品发布、产品展示、渠道招商、影响股东、吸引人才、凝聚人心、吸引资本和传承文化等多项内容的现场活动。

二、路演要呈现商业创意

创意是创造意识或创新意识的简称，是指对现实存在事物的理解以及认知所衍生出的一种新的抽象思维和行为潜能。

通常讲的创意是指创新的思维或想法，简单地讲，就是一种独特的思维方式、想法甚至理论，一种独到的、与众不同的观点或者独特视角，它与普通、平庸是对立的。它是通过实践后所产生的最终的创意产品来体现的，它可以表现在很多方面，在文化作品中，在日常生活中，创意无处不在。举例来说，在我们身边可能会有许多这样的朋友，能讲特别幽默的笑话或段子；做出特别精致的手工；画出令人产生联想和受到启发的图画；拍出引人思考的电影片段；搭配出新颖的装扮；设计出造型独特的建筑，或者装修出独具风格的房间……这一切都会让人感到很有创意，但它们还不是商业创意，因为它们不是为了实现商业价值而产生的。

商业创意简单地说就是可以实现商业价值的创意。它的诞生通常是由企业或者相关机构推动，通过内部孵化或者外部获取，最终用于实现商业价值。

一个好的商业创意可能来源于一个灵感，但却不仅仅是一个灵感，它是创业者运用知识和技能，在科学、艺术、技术和各种实践活动中不断提出的具有各种价值的新思想、新理论、新方法和新发明。

一个好的商业创意要实现财富价值，造福人类社会，还需要通过严密的商业计划，利用市场机会转化为现实生产力。比如扫地机器人，就是一个研发设计上的商业创意，它在功能、体验上满足和提升了用户对产品的需求；再比如直播带货，就是一个市场营销上的创新，它在内容、通道上满足了创造、引导、激发消费者进行产品体验，这些就是具有商业价值的创意。

商业路演是目前公认的阐述商业创意最为直接和有效的方法。

商业路演本身就是一种创意表达方式，路演者根据"创业计划书"这个"剧本"，运用项目PPT这个必不可少的"道具"，由讲演者通过不同形式、不同风格将商业创意短平快地"秀"出来。

三、路演要用最短的时间获取最大的信任

商业活动中的路演一般是指在公共场所演示产品、推介理念以及推广的一种方式，其目的在于说服听众采取行动。因此，不管面向的是评委、消费者还是自己，路演的首要目的就是要用"最短的时间"获取"最大的信任"。

在新经济时代，最大的成本就是"信任成本"，也就是说，投资人也好，评委也好，消费者也好，他们在众多项目和产品中为何要选择你的？你要做的是瞄准靶心，精准投放，以最低的成本达到获得最大信任的效果。

既然获取信任是路演的终极目标，那么这就是一场攻心战。精明的创业者会将创业计划从项目、业务、规划、财务四个维度构建起路演的底层逻辑，再通过可行、可信、实力和加持四部曲，逐步建立起坚固的信任堡垒，最终赢得掌声。具体做法有以下四点。

1. 可行

所谓可行，是指路演者运用图表数据介绍市场格局、市场总规模及可进入的市场规模，分析市场发展的驱动因素和趋势，确定市场的时机、优先进入的市场领域，公司的产品（服务）以何种合适的方式到达客户，让听众看到市场对公司产品（服务）

的需求，看到公司对客户的了解以及客户对公司解决方案的认同，从而对路演者产生初步信任。

2. 可信

路演者通过介绍产品（服务）的研发、产品的面市、客户发展、融资需求、股权结构、公司在价值链中的位置、获取收入的途径、成本构成、收益预测以及分配方式和比例等情况，让听众看到公司目前取得的进展，看到公司如何赚钱、如何分配，从而增强对路演者的信任。

3. 实力

路演者通过分析直接竞争对手（现有和潜在竞争者）的竞争力、间接竞争对手（可替代产品或服务）的竞争力、竞争对手的投资人及融资情况，阐述减轻客户"痛点"的解决方案以及与其他方案相比的特点、优势，对比公司的竞争力及公司在市场竞争中所处的地位，让听众清楚你跟谁在竞争，看到你有足够的竞争壁垒，了解到你有更好的解决方案，你有实力能赢，从而巩固听众对路演者的信任。

4. 加持

加持是指路演者介绍公司的发展历史，核心团队成员的高价值资历，如相关行业的工作成果、成功创业经历、管理经验、教育背景、拥有专利以及与之合作过的知名企业或项目等；还可以介绍名誉董事、顾问以及未来拟补充的重要职位及目标人选。其目的是通过以往战绩及借势第三方影响力，让听众确信自己的判断，相信这个团队有信念、有能力实现公司愿景，从而锁定对路演者的信任。

四、路演的基本流程要突出四个重点

初学者在路演时总是想把团队所有的家底都摆出来，有讲不完的重点，难以取舍，但是由于时间有限，最终的结果要么严重超时，要么面面俱到却泛泛而谈。因此，路演者首先要树立"过犹不及"的意识，短短几分钟的秀，需要搭建严谨的逻辑，参考基本流程，突出路演的重点。演讲者应围绕痛点、亮点、获利点、增值点来阐述。

1. 直击痛点

市场痛点通常指用户尚未被满足而又广泛渴望的需求，或那些亟待或优先需要解决的问题。

根据马斯洛需求层次理论，可以将人们的需求分为两类，一类是满足生理和安全的"止痛型"需求，当人们感到饥饿、痛苦、焦虑、不安时，就会产生这类需求，迫切渴望有一种产品或服务能够解决他们的问题，例如：饥饿时，需要食物；生病时，需要药品；寒冷时需要衣物等，人们对于这类需求最为强烈。另一类是当人们满足了基础需求后，就会进而寻求更高层级的精神需求，我们可以称之为"愉悦型"需求，例如：一般的手表也能满足人们看时间的需求，但劳力士、百达翡丽、江诗丹顿等名牌手表更能给用户带来强烈的满足感，能极大地提升用户的体验。

企业提供的产品或服务，从根本上来讲，都是为了消除或淡化用户的痛点，从而获取属于自己的市场机会。路演时的首要重点就是分析研究痛点背后的深层次需求，提供独特的"药方"，通过搭建顾客与产品的关系，分析顾客购买后的满足感与不购买的损失，以达到刺激消费欲望使之付诸购买行动的目的。

2. 突出亮点

路演中既要阐述市场痛点，更要提出解决问题的完美方案，针对客户的需求有目的地提炼自己产品的卖点，向顾客传达对其有利的信息并让其参与体验，同时展示公司的核心竞争力。

提出解决方案的思路有 6 种，如图 7-1 所示。

图 7-1 路演提出解决方案的思路

3. 形成获利点

获利点亦可理解为盈利模式，是企业的收支来源和收支方式，亦是企业生存和发展的动力源，企业运营的目标就是为了实现"利润最大化"。

所谓收支来源，包括收入来自（或者成本支付给）哪些利益相关者、哪些产品或者服务（或者哪些业务）、哪些资源能力等。

所谓收支方式，指的是采取何种方式产生和支配利润，是固定、剩余还是分成，是按照消费资格计算的进场费、消费次数计算的过路费、消费时长计算的停车费、消费价值计算的油费、价值增值计算的分享费还是免费等。另外，获利点还可以形成组合。

4. 打造增值点

办企业是一项长期投资，任何一家企业都希望可持续成长，因为只有企业持续成长，才能使企业"价值"最大化。

被爱因斯坦称为"世界第八大奇迹"的复利公式告诉我们，资本的产出是由初始资本投入、投资收益率和投资时间长短决定的。也就是说企业的增值就好比一场马拉松，需要战略战术和耐心耐力的默契配合。当然，盈利能力是企业成长的能量源，但相对而言，企业的"增值点"才是创业者和投资者关注的重点，它可能是行业的发展趋势，是一套生态系统，是一种新型业态，它的价值远远大于企业当下的盈利能力，甚至可以使企业(品牌)价值成几何倍数的增长。

另外，路演还要做到逻辑清晰、有的放矢、详略得当，通常可以采用"三点式"的结构，直观地整理思路、组织语言。比如：

我想跟大家分享三句话……

我就以下三个方面谈一下我的看法……

我将从产品、市场和投资回报三个方面进行阐述……

案例

"一场路演"成就"一个中心"——金鱼嘴每日路演首秀成功

在南京版图上，有一块与纽约曼哈顿高度相似的鱼嘴湾区，它是华东地区仅次于上海陆家嘴的第二大中央商务区。数据显示，2020年，千亿俱乐部成员建邺区金融产业和信息软件业占GDP比重不断增长，已集聚金融类机构超1000家，金融业成为第一支柱产业。面向"十四五"，在推动东部重要金融中心建设大局中，建邺区的路径在哪里？我们不妨从一场路演中寻找答案。

征途：星辰大海，一拍即合。

"我们是国内唯一的民营卫星电源系统供应商，产品线配套的卫星，在轨运行数量已经突破55颗，2019年12月，太原发射中心升空的快舟Y12火箭上搭载的6颗卫星，我们公司是配套了全部6颗卫星产品"，苏州馥昶空间技术有限公司总经理倪家伟开门见山，简单的几句介绍就锁定了一大批投资人的目光。

随后登台的肯立科技董事长孙晓峻更是直接抛出了四大核心技术，作为一家军工民企，在天线和微波领域领先的技术优势奠定了行业地位，成长性十分明确。

没有什么比星辰大海更能让人心潮澎湃的，没有什么比技术报国更能让人心驰神往的。创新引领、尖端实业、精细赛道，这是每一个亲历者在南京金鱼嘴每日路演上的直观感受。"投资机构最看重的就是企业的创新能力，这已经成为投资企业的基本要素。"国中创投管理合伙人贾巍说，"大部分领域头部企业已经形成，创新企业要把赛道选得更细、产品做得更精、目光放得更远、脚步放得更稳才能获得投资者青睐，难得的是，今天的路演企业都做到了这一点。"

投决会上，经过26家投资机构的现场投票，这两个项目也顺利获得了"最具投资价值企业"的称号。

(摘自澎湃新闻网：https：//www.thepaper.cn/newsDetail_forward_12876276)

▶ 任务二　制作高水准的路演 PPT

哈佛大学研究表明，人的大脑每天通过视觉、听觉、嗅觉、味觉和触觉五种感官接收外部信息，其中听觉接收信息的比例占 11％，视觉接收信息的比例高达 83％。因此，路演中通常都会使用 PPT，其目的就是充分利用视觉传达的方式，将信息可视化传递出来。如果说路演是一场精妙绝伦的秀，那项目 PPT 就是必不可少的灯光道具。大多数情况下路演是公开的演讲，而 PPT 无疑就是整块演讲的画龙点睛之笔。

路演 PPT 的制作看似很简单，但事实并非如此。实际上 90％的初学者，其路演 PPT 要么用文字堆积，要么满是表格数据。这样的 PPT 不仅单调、乏味、无趣，甚至还会让听众因为分心去看那些密密麻麻的文字而无法专注于演讲者的演讲内容。因此，掌握路演 PPT 制作的基本方法，是制作高水准路演 PPT 的第一步。

一、按"3C"原则制作 PPT

制作 PPT 的"3C"原则即清晰（Clear）、简明（Concise）、能激发兴趣（Compelling）。

1. 清晰

清晰原则是指整个路演 PPT 的脉络要清晰。要做到这一点，就需要先对整个 PPT 进行整体布局，根据项目内容进行设计，或"并列"或"递进"，通过不同层次的标题进行分层。由于路演时间一般只有几分钟，因此，整个路演 PPT 的层次结构最好不要超过 3 层纵深，如此可以使得 PPT 的逻辑井然有序。

2. 简明

很多初创者容易犯的一个常见错误就是 PPT 文字描述铺天盖地、插图杂乱无章。PPT 是"演示"文稿，不是"解释"文稿，文案太多会让观众失去耐心，图片杂乱难以形成印刻效应。PPT 高手都会采用"Less is More!"的留白策略，给观众留下一些想象的空间。如果文字实在多的时候，可以用"标题放大，内容缩小，段落对齐"的办法来处理，再配以适当的图片。只要搭配得巧妙，每张图都能具备"省略 1 万字"的说服力。

3. 能激发兴趣

几分钟的路演切忌多端寡要，要把这个"将大山装进口袋"的技术活干得漂亮，就必须有所取舍。PPT 是给听众看的，是为演讲内容服务的，因此在进行设计时，切勿本末倒置，应以听众为中心，围绕听众最为关心的问题，聚焦重点内容进行阐述，次要内容点到即可，充分利用现场演讲的几分钟，激发听众兴趣，在争取到面谈机会后可再展开阐述。

二、PPT 内容分为四大板块

很多初创者在路演时总是觉得有 100 件事要讲，讲完之后却发现讲得七零八落。其实在商业计划中，任何一个创业项目都可以划分为四大板块，即：项目概况、市场透视、整体规划和财务分析。项目 PPT 不管是讲模式、讲技术还是讲故事，总会在这四个板块中加以提炼。如此一来，你再也不用去想 100 件事中该讲哪些事，四大板块的细分可以帮助初创者理清企业发展思路，步步为营，由"因"及"果"，让路演变得更加简单。

1. 项目概况

项目概况板块一般包括公司介绍、项目介绍、商业模式和项目愿景。简而言之，就是要讲清楚：我们是谁？我们要干（卖）什么？靠什么挣钱？预期做成什么样？

公司介绍包括公司基本情况、核心成员、获得过哪些荣誉、有哪些高价值资历及企业文化等。

项目介绍包括项目产生的背景、发展历程、项目内容、项目优势、成果展示及市场前景等。

商业模式亦可以简单地理解为企业在市场中如何与用户、供应商及其他合作伙伴合作，以何种方式实现交易、获取收益。

项目愿景，是创业者的立场、信仰、核心价值以及创业者对企业未来的设想。

2. 市场透视

市场透视板块包括市场需求、渠道通路、竞品分析和解决方案，即：产品卖给谁？怎么卖？跟谁争？怎么争？

市场需求，是指在特定的地理范围、特定时期、特定的市场营销环境、特定市场营销计划下，特定的消费者群体可能购买的某一产品的总量。

渠道通路，是指产品或服务从生产者到经销商再到消费者的过程，其任务就是在适当的时间，把适当的产品送到适当的销售点，以利消费者购买。

竞品分析，顾名思义，就是对竞争对手的产品进行比较分析，列出竞品或自己产品的优势和不足，得出真实的数据进行分析管理。

解决方案，是指针对市场需求、竞品分析等已经出现或可以预见的问题、不足、缺陷或需求等，提出可行性的建议或计划。

3. 整体规划

整体规划板块包括现状发展和未来发展两部分内容，在这一模块要讲清楚：我的实力如何？我的潜力怎样？

现状发展：通过现阶段的运营情况、盈利水平及增长，预测项目的生存能力。

未来发展：通过市场调研、行业分析、竞品分析等方法，从政治、经济、社会、技术等方面入手，分析预测项目的发展前景、趋势并呈现其成长动力。

4. 财务分析

财务分析模块要讲清楚公司的融资需求和投资回报，也就是怎么找钱？怎么花钱？怎么分钱？

融资需求：为实现公司发展计划所需要的资金额，资金需求时间，资金的用途、使用计划及股权比例。

投资回报：投资者的回报包括企业不断持续盈利增长的现金流及利润的分配和企业价值的增长，而作为长期投资者更重视的是企业价值由低估到合理再到高估的价值增长。

三、抽象内容形象表达

一些抽象的事物往往很难传达，这时候就需要进行转化，利用形象的表达将抽象的内容感观地传达给观众，降低观众的理解成本，从而达到预期效果。

形象化要素包括文字图表、图形图像、笑话故事等。比如在市场分析和财务预测两部分，一张简洁的图表就强过一堆让人眼花缭乱的表格；一个特定场景的真实故事往往能让人沉浸式地感受到"这就是我需要的产品"，其效果强过一堆实验数据。

1. 文字图表

图形式数字比表格式数字更容易通过比较说明问题。

(1)市场份额划分情况比较倾向用饼状图，有对比数据的可用环状图，一般按顺时针的角度排列。

(2)有增值空间的可以使用柱状图，各个柱子中间的间隔一般为柱子的一半，柱子的颜色区分要明显但不宜杂乱。

(3)对于增长明显、快速的使用折线图。

(4)地区分布、战略发展等适用地图、热力图。

图表秀、图怪兽、昵图网等在线图表制作网站都可以帮助我们实现可视化呈现。

2. 图形图像

图形图像是一种静态(图形)或动态(视频、动画)的视觉语言形式，它的视觉冲击力比文字大 85%。图形图像可以利用视觉心理学、符号学、传播学等方面的知识，将信息传达得更具体、更真实、更直接，从而高效率、高质量地表达出想要传达的理念，使本来平淡的事物变为强有力的诉求画面，充满强烈的感情色彩。

路演 PPT 中应用图形图像等可视化元素，可以充分体现 PPT 直观与明确的特点，帮助演讲者描述一些复杂的过程、结构，甚至一些抽象的想象，同时也可以节约 PPT 的篇幅。创业者可以通过百度图片、站酷、站长素材、下吧、必应(Bing)图片、微博、花瓣、全景等众多途径搜集素材。

3. 页面布局

路演PPT一般由五大页面组成：封面、目录、内容页、过渡页、封底。它们首尾呼应，或并列或递进，形成一个逻辑严谨的整体。

如果有足够的设计兴趣和美术功底，大可以自行设计原创模板，但同时，我们也需要学会"站在巨人的肩膀上"，巧妙地借鉴他人的优秀PPT模板。但是，借鉴不是"拿来主义"，我们要做的是在优秀模板的基础上做出有自己风格的"专属PPT"。创业者可以借鉴麦肯锡、罗兰贝格等咨询公司的PPT素材库，学习使用VISIO、SOLO等制作工具，力求在他人优秀模板的基础上创作出自己的专属作品。

加工设计PPT时还需要注意一些基本原则。

(1)包含关键信息的封面

封面的作用是吸引投资人进一步了解项目，因此PPT封面的大标题可以运用层级标题技巧，用一句通俗易懂的话感性描述公司是做什么的，再将公司或项目名称、联系方式(网址)、LOGO等关键信息以小标题的形式补充。

(2)不是所有PPT都需要目录

乔布斯的演讲堪称经典，但他的发布会通常只有几张图片，因此，目录并不是PPT的必备项目，它一般用于有较多标题时作为提要，一般少于4个标题时目录即可省略。

(3)根据时间设计内容页

通常情况下可以按平均1分钟讲解1~2页内容来设计PPT。例如，5分钟演讲的路演，建议整个PPT控制在12页以内。

(4)有目录才需要过渡页

过渡页与目录页一样，是在内容页较多时用于承上启下的。一般总页数少于20页的PPT可省略过渡页，直接用标题代替即可。

(5)封底与封面呼应

PPT的封底一般直观表述结论、企业文化与愿景，与封面前后呼应。

拓展学习

PPT不是演讲者的拐杖，而是听众的眼睛

虽然路演PPT的制作有一定的套路可寻，但是，路演者应从根本上认清：路演PPT的本质作用是给听众看的，好的PPT应该清晰、美观、合理地将信息可视化呈现出来，帮助观众理解，它并不是给演讲者看的巨型提示器。因此，在设计PPT时，首先应该判断呈现的内容是否针对听众，如果对听众没有帮助的内容，就不要画蛇添足地一味堆积。正如苹果的发布会，乔布斯的路演永远只有几张图片。高水

准的路演 PPT 应是路演的点睛之笔,能够帮助路演者将复杂的事情有趣地说出来,展示演讲者的特有风格和个人魅力,连接起听众和演讲者的灵魂,赋予路演强大的感染力和说服力。

✎ 案例

××项目路演 PPT

进入决赛路演阶段,项目要用路演 PPT 进行现场路演,并回答评委的提问。此时展示的路演 PPT 是商业计划书的精华概括,要能配合路演人 5 分钟的讲解让评委迅速看到项目亮点,给评委留下深刻印象。

路演 PPT 在内容上不求全面,但求精炼,展示的一定是项目最核心的内容,并配上精美的排版设计,给路演人的路演充当最给力的助攻。如图 7-2 所示。

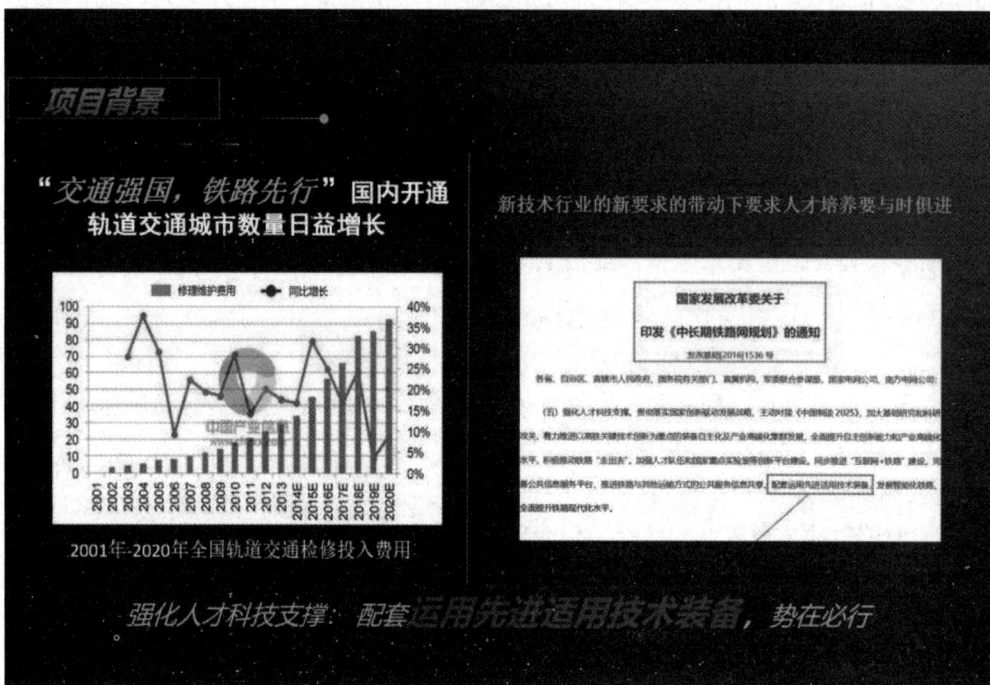

图 7-2

路演 PPT 中要突出以下特点:

1)内容精炼,重点突出

路演 PPT 是配合路演人进行现场讲解的,所以内容上可以只展示精华内容,语句要精炼,重点要突出,让评委一眼就能看到每页 PPT 的重点内容。

2）内容可立体展示

网评 PPT 主要是内容的静态展示，路演 PPT 则可以加演示动画、视频等，让内容展示更多样立体，让现场路演效果更吸睛。但要注意适度，太多太复杂的设计反而增加了路演难度。

3）和路演人的路演紧密配合

路演 PPT 和路演人的现场讲解是相辅相成的，二者紧密配合，才能呈现出彩的路演效果。

▶ 任务三　驾驭现场路演的关键

很多时候路演是在公开场合进行的双向沟通，非常考验路演者的现场表现力、舞台经验以及应变能力。初学者要流畅地完成整场路演，是需要学习相应的技巧并反复训练的。路演者要做到整场路演行云流水，就必须做到：控制时间、掌握节奏、让整个路演活起来；直击痛点、临危不乱，并在这个过程中展示出自己鲜明的演讲风格。

一、克服紧张

很多新手在初次路演时都会感到紧张，甚至"怯场"，这可能是因为完美主义心理，很重视又担心准备不足；可能是因为对内容还不熟悉，担心提问无法应对；也可能是因为得失心太重，害怕失败。虽然路演时产生紧张心理是必然的，但也是可以通过训练有效调节的。

路演者可以在正式路演前认真推敲打磨 PPT，将其内化于心，并通过假设提问、反复练习来坚定信心，最终达到行云流水的效果。演讲者可以提前到达现场，与听众聊聊天，或听听舒缓的音乐，或嚼嚼口香糖，这些做法都可以有效缓解紧张情绪。另外，在演讲过程中一旦忘词，切忌一直重复卡壳，可以直接跳过讲后面的内容。

二、打造风格

有效的演讲往往短而精，因此，精心设计一台适合自己风格的创意路演"秀"也是成功的关键。演讲过程中，演讲者需要运用技巧、方法，明确演讲目标，整理结构，设计开场白、结束语。除此之外，高水平的演讲者还会精心打造属于自己的风格，就像每个人都有自己的特有气质，而不仅仅是一个只会背台词的牵线木偶。

一个人的演讲风格由结构套路、内容习惯、呈现方式组成，或奔放，或严谨，或幽默，或柔和，这些元素的融合就浑然形成了个人的演讲风格。每个人的性格特征、教育背景、处世习惯都不同，也很难把每个要素都掌握得很好。比如有的人自带幽默；有的人天生亲和；有的人逻辑性很强；有的人很会讲故事，就像罗永浩自成一派的演讲风格；有人说他的演讲"恶搞的没有他有营养，有营养的没有他有启发，有启发的没有他有趣"。

要想形成一种春风化雨般让人心情舒畅、具有感染力和鼓动性的演讲风格并非易事，需要长时间的训练和打磨。一般可以从以下几方面着手。

一是发挥优势。优势可以是你帅气的外表、你的幽默感、会讲故事，甚至是你富有磁性的声音，这些都可以成为你独特的演讲风格。不要一味地去模仿马云、罗永浩或是乔布斯，只有让自己的长处得以发挥，才能让风格表现得淋漓尽致。

二是主旨明确。你的幽默、故事、数据都是为演讲主旨服务的，所有素材和手段都要紧紧围绕你想要达到的目的和传达的主旨来选择和运用，否则就只是低级地玩弄技术。乔布斯的演讲堪称经典，可能你要说他的风格就是简洁的 PPT、黑色的圆领毛衣、低调的牛仔裤，加上他轻松愉快的演讲风格，但是他最深层的风格却是他自始至终对苹果公司价值观的传播。

三是应真诚相待。真诚是路演演讲最基础的风格，当你还没能打造出适合自己的独特风格时，你可以以诚待人，演讲中坦诚的目光、诚恳的语气、态度都能向听众展现谦逊而真诚的人格魅力，哪怕不是那么完美，也能赢得听众的好感。

另外，我们还应注意形象管理，特别是如果自我感觉"颜值"不够高、就着重让自己"看起来像个成功者"，以增强自信。时刻注意面部表情，用身体语言向观众传达自己认真的态度，用坚定的手势与洪亮的声音展示自己的信心。

三、造梦共情

梦想是一种意念，它在你创业遇到困难时可以强化信心，坚定意志，激发内心无限潜能，当然也很大程度上决定了未来的成就。卓越的"领导者"通常都是优秀的"造梦师"，他们有一种特殊的人格魅力，能将个人目标与企业愿景有机地融合起来，巧"画饼"，善"感召"。常用的做法有以下几种。

1. 描绘画面

人们对事物的认知总是从感性到理性的，最为直接也最有体悟感的就是描绘一个结果的画面。比如：

如果您不会做饭或者懒得做，选购生鲜后，可以直接让配套的餐厅进行现场加工，然后在这里吃，特别适合生活节奏快、不会做饭、对食材又有质量要求的懒人。

当您早上起床后，穿上休闲装和运动鞋，打开窗户，深呼吸一口清新的空气，然后踏上跑步机，轻松舒畅地开始跑步……

您当然不希望所购买的产品三天两头出问题，在使用的时候您肯定希望它的速度更快，操作起来更方便，更加智能。

这样一款产品不但经济实惠、方便实用，还可以帮您节省时间。假如这款产品每天为您节省 30 分钟的时间，加起来，一个月就能为您节省 15 个小时，您可以有更多的时间和孩子一起运动，和爱人一起做饭……

2. 会讲故事

随着现代商业体系的不断发展，有很多创业项目通过"讲故事"来成功实现商业各方的深度对接，并获得资源的青睐。"讲故事"已经被赋予了更多的商业意义，成为一种公认的自我推广方式。

吸引听众的商业故事一般都会有正派与反派的对抗，并最终获得一个完美的结局。这里的反派不是指人，而是诸如疾病、失业、无知等让人痛苦的事；而正派则是用来抵御"反派"的措施办法，即项目、产品、服务等；完美的结局则是通过各方资源帮助"正派"打倒了"反派"，让用户在舒适的体验中获得了预期的效果。"故事"能够通过结构性的线索引导听众，使听众和讲述者一起探索、发现并找到解决方案。被带入故事场景中的各方从此成为故事的粉丝，进而整合资源衍生出无数新的技术、新的运营方式、新的商业模式、新的营销方式助力创业的成功。

从上面的案例中我们能发现，好故事需要具备四个要素：悬念、角色、冲突和细节。悬念能在最短的时间内吸引眼球；角色能让听众找到自己的影子；冲突能放大用户的痛点，突出需求；细节可以让整个故事丰满生动起来。

3. 遐想空间

精明的路演者有时也会以守为攻，一开始不主动表达自己的立场和观点，只摆事实，为听众留有遐想的空间，让听众自己去判断，并坚信路演者所引导的判断。例如一位路演者要展示团队开发的自动化会计服务系统，他用了以下的陈述方式。

处境：电子商务正在以比以往更快的速度和复杂性发展着，这一趋势还将继续。贸易的高速发展需要与之相匹配的会计自动化。

复杂性：当 Stripe 通过 API 解决了支付流程的时候，会计环节仍然由人工制作电子表格来完成，这很难形成规模化。

问题：谁能够开发 API 服务，让会计以高速自动化的形式完成？

回答：Subledger 是一个规模化的可以通过 API 实现会计自动化的工具。这是一个非常庞大的市场，我们已经组建了一个强大的团队。

按照以上逻辑，把内容连接起来，毫无疑问，遐想空间能拨动人的心弦，在融资路演中绝对是一个非常有效的换取真金白银的工具。

（摘自《路演之道》，胡珺喆，企业管理出版社，2018 年版）

四、现场应变

在答辩环节，一些初学者难免会因为紧张或应变能力欠佳，出现听不明白问题而答非所问，回答空洞缺乏说服力的情况。因此，答辩时可从以下几个方面来应对。

一听：镇定地听，提炼问题重点。如果实在没听清楚，可以请求重复一次，如：

"不好意思，您能再说一遍吗？"

二问：确认问题，切勿答非所问。出于信息漏斗效应的考虑，为避免答辩者与提问者就同一问题出现理解上的偏差，答辩者在得到问题后应先确认问题再组织回答。如："请问您是这个意思吗？"

三想：思考对方的用意，判断对方想要的答案。演讲者应换位思考，站在提问者的角度来思考提问的出发点和指向，围绕提问者所关心的点来展开阐述，最终聚焦对方想要的答案。

四答：言之有据多回应，切勿假大空。答辩时应注意，不要用一些抽象的概念或模糊的数据作答，要尽可能用已有的事例或切实的数据来支撑观点。

五请教：善于请教，切莫回避问题。如果提问者提出的问题恰好是目前未能解决的问题或团队的短板，答辩者也无须左右躲闪避而不谈，可以虚心请教或介绍目前的进展情况和努力方向。如："这个问题我们确实正在研究，暂时还没有结果，但我们已经有一些备用方案，请问您可以给我们一些建议吗？"

▶ 任务四　掌控大学生创业路演的重要场合

大学生创业路演的五大场合包括组建团队、众筹融资、参加比赛、新品推广、打磨项目。不同的场合，路演的受众、目的和侧重点会有所不同，大学生应把握好场合，避免不必要的失误。

一、组建团队

1. 受众：潜在合作者
2. 目的：组建核心团队

全球著名的研究机构 CB Insight 对创业企业的研究表明，创业早期失败最常见的原因之一就是团队问题。公司的成立是从 0 到 1，是验证创业者的商业创意的过程，只有走好了第一步，才能依靠创业团队将商业模式放大，不断裂变创新因子，形成竞争优势，从 1 走到 n。智力经济时代，从某种意义上讲，人才是第一生产力，如果非要在一流的商业项目和一流的创业团队中二选一，大多数投资者都会选择后者。那么，有了一个好的商业创意，初创者个人能力无法达到目标的时候，就需要通过路演的方式吸引志同道合、能力互补的人才，组建核心创业团队。由于新创企业资源有限，初创者更应组建一支精兵团队，避免任人唯亲。组建企业团队时可以参考如图 7-3 所示的团队矩阵。

（摘自《如何打造一流创业团队：创业者最实用的管理指南》，倪云华著，中国友谊出版公司，2018 年版）

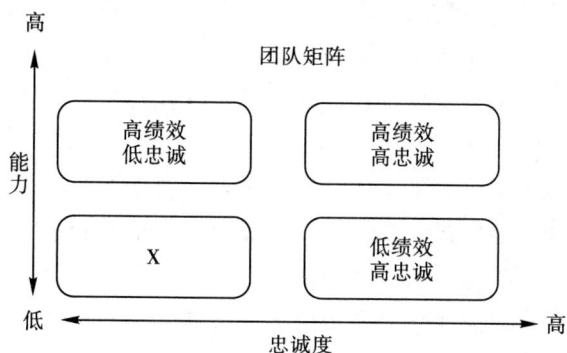

图 7 - 3　团队矩阵

3. 侧重：吸引人才 3S 模型

由于"天生劣势"现象，一家新创企业要吸引优秀的人才势必比大公司难度更大，创始人可以基于"马斯洛需求"理论，利用"3S 分享模型"吸引人才，如图 7 - 4 所示。

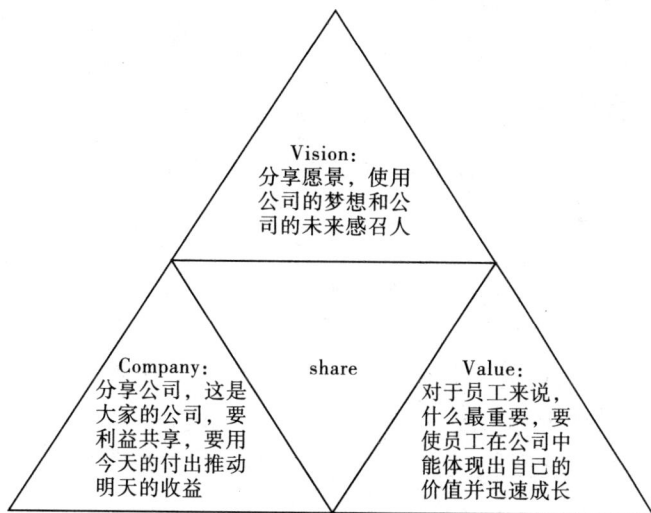

图 7 - 4　3S 分享模型

（摘自《如何打造一流创业团队：创业者最实用的管理指南》，倪云华著，中国友谊出版公司，2018 年版）

第一个 S，分享愿景（share the vision）。

分享愿景是从人的"自我实现"需求考虑。越优秀的人越看重未来，作为一个优秀的创业者，一定要学会"传道"，利用路演活动，将公司的规划愿景、宏伟目标有效地传递给想要影响的人，让他们认同你的理念，点燃追梦的引擎，并深信可以通过这个团队的共同努力得以实现。

第二个 S，分享公司（share the company）。

分享公司是从人的财富需求考虑。创始人抛出橄榄枝最为直接有效的方式，无疑是告诉合伙创始人：你也可以成为公司的主人，公司有你一份，随着团队不断成长，公司不断增值，就能通过资本杠杆获得成几何倍数增长的财富。

第三个 S，分享价值(share the value)。

分享价值是针对不同人才的不同价值取向，实现精准"投饵"的一种原则。优秀人才的"生存"需求早已被满足，此时需要通过分享价值来吸引人才。有的人可能在乎工作氛围，有的人可能重视在团队中的成长机会，有的人可能仅仅就是喜欢公司文化。创业者在路演时要运用好分享价值这一方法，使其相信这是一个能够实现自我价值的平台，这将对团队收获人才大有裨益。

4. 避免：三个和尚没水喝

我们经常看到很多大学生创业团队，在公司创建之初，创始团队成员股权分配时，要么讲兄弟情谊，要么求贤若渴，很多时候股权结构平均化。这样划分股权在后期的公司管理中就会出现很多隐患。因此，只有当创业团队中一个人的股权占到足够大的比例时，才能确保权责的一致性。

拓展 学习

股权分配可运用"315"原则

很多优秀创业公司都是 3 个创始人，形成"产品、渠道、市场"这个金三角，形成互补高效的团队，以减少内耗；但创业团队中同时需要有 1 个领导者(Leader)，他有足够的话语权，在团队意见发生分歧时敢决策、能拍板。从法律层面讲，要获得绝对话语权，就必须占有 50% 以上的股份，获得公司的相对控股权。股权分配时可以运用"315"原则，如图 7-5 所示。

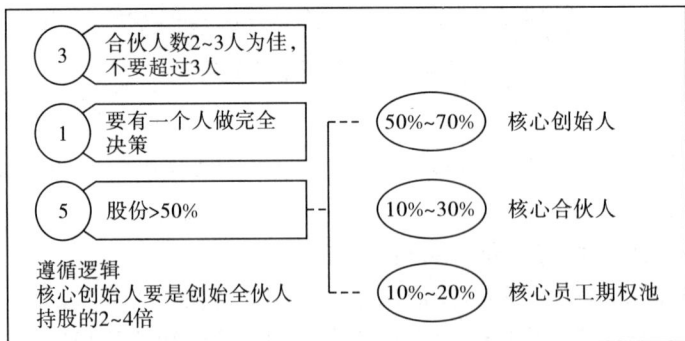

图 7-5 股权分配 315 原则

二、众筹融资

1. 受众：投资者

2. 目的：获得融资

在众多的创业资源中，创业资金无疑是创业活动的燃料。在竞争激烈的商业环境中，投资人每天可能会接触到几十上百个项目。投资人与创业者既是一种鱼水关系，也是一种博弈关系，创业者只有呈现出投资价值才能获得青睐。因此，创业大赛、众筹融资路演等形式就成了近年来创业者获取外部资金的新渠道。

3. 侧重：换位思考

我们在融资路演时应学会换位思考，而且更多地从投资者利益出发：创业者为什么在这个时间节点需要创业的资本助力？资金的用途是什么？如何规划资本的杠杆作用来帮助企业快速发展？创业团队能为投资者带来哪些资金报酬？这些都是创业者需要通过路演重点展示给投资者的。

4. 避免：面面俱到

路演一般只有短短几分钟，而创业者的项目往往包含大量的信息，有的创业者在路演前将自己的项目总结为"几大亮点"，可是当他讲完，投资人一个也没记住。其实融资路演的主战场并不是在路演现场，而是争取投资人台下的约谈机会。因此，这时候最好的策略绝不是面面俱到，而是要达到意犹未尽的效果，让投资人对你产生浓厚的兴趣。

三、参加比赛

1. 受众：大赛评委

2. 目的：获得奖项

对于大学生而言，参加创新创业大赛是创业团队实现创业成功的捷径之一。那么想要赢得比赛，就得先了解游戏规则，摸清大赛的引导方向及评分标准。

创新创业类大赛的评分标准，主要依据三大要素：创新性、商业性和团队性。创新性是灵魂，商业性是基础，团队性是保障。

创新性，包括产品创新、生产技术和工艺创新、模式创新。商业性，要突出盈利，强调项目的市场前景和规模，细分垂直领域的客户画像以及公司财务预测。团队性，突显能力相匹配、志同道合的核心团队，如果有相关的专家顾问或者指导老师加持，更能加分。

3. 侧重：包装项目

商业路演中，塑造项目的价值尤为重要。包装项目是对整个项目内容、功能和价值的"柔性呈现"，大致可分为四个层次：技术包装、产品包装、领导包装和企业包装。①技术包装是对项目技术先进性与实用性的直观表述；②产品包装应结合当前热点，注重实际操作，通过提炼产品的核心价值和塑造产品形象等方式，提升产品的价值感；③领导包装是通过企业领导人的资历、地位和形象等对项目进行赋能，比如：企业的 CEO 兼任 xx 基金秘书长、团队的顾问是行业协会会长等；④企业包装是打造企业的社会价值，比如"大学科技园企业""xx 基金重点扶持企业"等。

通过四个层次的包装，可以更加有效地突显项目的综合实力。不管是"无人驾驶""大数据"还是"5G"等，我们的创业项目可以根据一个热点来发散，比如，如何利用 5G、做什么项目可以更好地推广 5G 等。你参加"互联网＋"大赛，你的项目虽然只是开一个再平凡不过的包子铺，但在市场推广方面都要尽量侧重展现互联网营销的优势，绑定潮流，借势热点。另外，展示创意构想诚然重要，但如何将商业创意落地也是评委老师最为关注的重点。

4. 避免：缺乏自信，逻辑混乱，顶撞评委

象牙塔中的大学生和阅人无数的商场老手之间的对话是勇敢者的游戏。很多时候决定路演成败的往往不是项目 PPT 有多优秀，而是演讲者从容不迫和应对自如的临场表现。如果路演者自身缺乏自信，首因效应会使得评委或投资人失去听下去的兴趣。另外，创业团队虽然很有想法，但在现场路演时想到哪儿讲到哪儿，讲稿缺乏逻辑设计，也是会造成失利的。还有，作为当代青年大学生，应有一定的内涵和修养，虚心听取评委意见，坦然接受评比结果，尊重比赛，尊重他人，做到处事不惊。

四、新品推广

1. 受众：消费者

2. 目的：宣传、促成交易

在信息爆炸、经济全球化的今天，产品越来越多元，竞争越来越激烈，如果创业者还停留在"好酒不怕巷子深"的意识，只重视质量，不重视宣传，那势必自毁前程。"好酒不怕巷子深"的前提是要让人闻到香，正如 1915 年巴拿马万国博览会上，中国代表团带着茅台酒参展，由于当时中国在国际上的地位卑微，展区被安排在一个偏僻的角落，加上中国展出的主要是农副产品，茅台酒被粗陶罐子密封得严严实实，展出了几天，也无人问津。后来一位销售员"一不小心"将一坛茅台打翻在地，顿时整个展厅酒香四溢，这才有了今天的"国酒茅台"。因此，路演者更应通过富有创意的表达方式实现共情，吸引消费者注意，才能达到激起购买欲望的目的。

3. 侧重：少讲道理，多呈现画面

消费行为学研究表明，人的行动很多时候其实不是被摆事实讲道理驱动的，而是被想象的那个结果驱动的。因此，这时候的项目展示路演不需要对公司发展、融资情况、项目情况进行科学严谨的研究，而是要跟所有听众哪怕是没有文化的人讲清楚，让他想象拥有你的产品或服务后那个清晰的结果。

4.避免：公然诋毁竞争对手、弄虚作假

竞争对手之间亦敌亦友，学会尊重竞争对手，创造绿色竞争环境，是每个创业企业的基本修养。如果创业者在公开场合进行产品路演时，无视竞争对手的存在，公然诋毁竞争对手的产品，可能会适得其反甚至招来官司。另外，有些激进型创业者为了赢得掌声，不惜在路演时夸大产品的数据和功能，而造假行为一旦被发现，很有可能被媒体炒作，严重影响企业声誉。所以路演时切记实事求是，以实际数据说话，真实展示产品现状和功能。

五、打磨项目

1.受众：团队成员

2.目的：打磨、论证项目

路演说到底就是为了证明有一个足够强大的团队来实现资源和机会的合理匹配。创业初期，更多的路演是团队成员内部碰撞想法、梳理思路、规划未来、制订计划。这个过程可能会反复进行，每一次路演都是一次打磨项目的历练，反复调研、推敲、论证、修正、再推敲、再论证。如此一来，创意越来越明确，逻辑越来越严谨，创业才越容易成功。

3.侧重：实事求是、打磨项目

既然是内部打磨，就应该实事求是地将团队及项目目前存在的瓶颈和亟待解决的问题扒开碾碎，毫无保留地提出来，以供团队成员共同讨论解决，最终让项目趋于完美。

4.避免：对问题视而不见

如果说对外路演更多是"秀"长板，那对内路演就是一场赤裸裸的批判大会，团队成员关起门来畅所欲言，这时的路演不需要赞歌，而是需要团队成员群策群力找原因、谋出路。

▶ 项目小结

在创业的道路上，商业计划书、路演、商业PPT是不可或缺的三大法宝。路演能以集大成的方式，在很短的时间内把项目最重要、最精彩的地方呈现出来，它要求创业者既要有对接市场和投资者的思维，又要有透彻把握一个创业项目设计重点的能力，还要有清晰的商业逻辑。商业路演是目前公认的阐述商业创意最为直接和有效的方法。

路演者要做到整场路演行云流水，就必须做到：控制时间、掌握节奏、让整个路演活起来；直击痛点、临危不乱，并在这个过程中展示出自己鲜明的演讲风格。

　　路演中通常都会使用PPT，其目的就是充分利用视觉传达的方式，将信息可视化传递出来。如果说路演是一场精妙绝伦的秀，那项目PPT就是必不可少的灯光道具。大多数情况下路演是公开的演讲，而PPT无疑就是整个演讲的画龙点睛之笔。

复习思考题

1. 路演过程的关键要素有哪些？

2. 路演的基本流程要突出哪些重点？

3. 如何在PPT中强调亮点？

讨论性问题

1. 为什么说PPT不是演讲者的拐杖，而是听众的眼睛？

2. 路演者应具备哪些素质？

实践性问题

1. 你能通过电梯测验做一次自我介绍吗？

2. 观看"互联网＋"创新创业大赛的2～3个金奖路演，总结其路演PPT的特点、总结如何让现场路演活起来。

3. 收集路演PPT 3～6份，分析其中存在的问题，你建议如何改进。

参考文献

[1] 李家华．创业基础[M]．北京：北京师范大学出版社，2013.

[2] 王艳茹．创业基础课堂操作示范[M]．北京：北京师范大学出版社，2014.

[3] 冯俊华．企业管理概论[M]．北京：化学工业出版社，2006.

[4] 何盛明．财经大辞典[M]．北京：中国财政经济出版社，1990.

[5] 徐俊祥．大学生创业基础知能训练教程[M]．北京：现代教育出版社，2014.

[6] 沈宇庭．融资路演，讲好故事[M]．北京：中国经济出版社，2018.

[7] 冯东，朱衍强．痛点营销[M]．北京：现代出版社，2016.

[8] 林桂平，魏炜，朱武祥．透析盈利模式[M]．北京：机械工业出版社，2014.

[9] 胡珺喆．路演之道[M]．北京：企业管理出版社，2018.

[10] 董青春，董志霞．大学生创业基础[M]．北京：经济管理出版社，2012.

[11] 黄华．如何赢得创新创业大赛[M]．北京：化学工业出版社，2019.

[12] 周锡冰，万荣素．品牌建设着力点[J]．中国中小企业，2008(06)：30—31.

[13] 巴林杰．创业计划：从创意到执行方案[M]．陈忠卫，译．北京：机械工业出版社，2009.

[14] 邵原．最后一堂执行课[M]．史小龙编译．上海：上海远东出版社，2008.

[15] 倪云华．如何打造一流创业团队：创业者最实用的管理指南[M]．济南：中国友谊出版公司，2018.

[16] 赵中利，马彩凤．人力资源管理：理论·实务·工具[M]．2版．南京：南京大学出版社，2019.